LAURA SACHSLEHNER

An den Pranger

Dieses Buch ist für alle, die ebenfalls glauben, dass Politik mehr kann, als sie oft zeigt.

LAURA SACHSLEHNER

An den Pranger

**Warum Meinung in der Politik
wieder erlaubt sein sollte**

Seifert Verlag

Umwelthinweis:
Dieses Buch und der Schutzumschlag wurden auf chlorfrei gebleichtem Papier gedruckt. Die Einschrumpffolie – zum Schutz vor Verschmutzung – ist aus umweltverträglichem und recyclingfähigem PE-Material.

1. Auflage
Copyright © 2023 by Seifert Verlag GmbH, Wien
Verlagslogo: © Padhi Frieberger
Druck und Bindung: Finidr, s. r. o.
ISBN: 978-3-904123-74-7

Printed in the EU

INHALT

Vorwort	7
1 | Jung, weiblich & konservativ	15
Zum Abschuss freigegeben	19
2 | Ein gutes Leben	27
Wir brauchen eine Generation Eigentum	32
Frauen: Wirtschaftsfaktor statt Opferkultur	36
Feminismus als Scheingefecht	41
Der Sinn des guten Lebens	45
3 | Unser Herzstück	49
Kinderbetreuung durch die »Oma-Karenz« neu denken	53
Jeder Familie ihr eigenes Heim	55
Familien in all ihren Formen anerkennen	58
4 | Falsche Toleranz	63
Integration als Bringschuld der Zugewanderten	65
Kulturelle Gewalt als importiertes Problem unserer Gesellschaft	69
Ja! zum Kopftuchverbot für Mädchen	73

5 | Unsere Demokratie ist in Gefahr — 79

Unsere Staatsbürgerschaft darf kein
   Willkommensgeschenk sein — 81
Eine Elite diskutiert mit sich selbst — 86
Der Kampf gegen Extremismus und
   unser Versagen im Netz — 91
Mut zur Meinungsfreiheit, aber Stopp dem Extremismus — 96

6 | Kampf um unsere Identität — 99

Europas Verantwortung hat ein Ende — 105
Asylverfahren in europäische
   Überseeterritorien auslagern — 109
Bilder, die unsere Identität prägen — 112
Bekenntnis zur Asylobergrenze NULL — 115

7 | Nach uns keine Sintflut — 119

Nichts legitimiert Gewalt — 121
Verbotskultur schafft keine Nachhaltigkeit — 125
Innovation statt Ökodiktatur — 128
Schaffen, um unsere Schöpfung zu schützen — 131
Straftaten gegen unsere Umwelt härter ahnden — 135

8 | Echt. Ungerecht — 139

Das Märchen von der sozialen Gerechtigkeit — 143
Vor dem Verteilen kommt das Erwirtschaften — 148
Soziale Gerechtigkeit muss Grenzen kennen — 151
Am Ende bezahlen immer die Gleichen — 154
Die Ausbeutung von Frauen mitten in Europa — 157
Hinschauen, wo es wirklich notwendig ist — 158

9 | Wo bleibt unser Anspruch? — 163

Danksagung — 171

Endnoten — 172

VORWORT

Im Laufe meines politischen Engagements habe ich immer wieder erlebt, dass unglaublich vieles ungesagt bleibt. Dabei besteht Politik großteils nur aus Kommunikation. Pressemitteilungen, Interviews, Social-Media-Postings, Tweets – jeder Tag ist angefüllt mit Aussagen und Botschaften, die auf unterschiedlichen Kanälen verteilt und gesendet werden. Doch in der Fülle dieser Aussagen, in dieser beinahe absurden Schlammschlacht, die sich politische Vertreter unterschiedlicher Parteien jeden Tag liefern, bleibt dennoch vieles ungesagt. Selten schafft man es, wirklich auf die Dinge im Detail einzugehen. Und selten wird man überhaupt dabei gehört. Denn Politik muss heutzutage kurz und knapp sein. Alles muss möglichst rasch am Punkt formuliert sein. Niemals zu lange herumreden. Niemals die Leute mit zu vielen Details quälen. So ist zumindest der Tenor in der aktuellen politischen Kommunikation. Auch ich strebe in meiner politischen Arbeit danach, die Dinge möglichst einfach und prägnant zu formulieren. Politik ist ein Kampf um Aufmerksamkeit.

Und um diese Aufmerksamkeit zu bekommen, ist es nun mal besser, die Dinge nur kurz zu umschreiben. Was dabei jedoch verloren geht, ist die tatsächliche Auseinandersetzung mit den Botschaften, die wir jeden Tag bringen. Alles treibt an der Oberfläche, und fast scheint es so, als ob sich Politik immer mehr nur noch mit sich selbst beschäftigt. Unterschiedliche Echokammern aus unterschiedlichen politischen Richtungen, die sich gegenseitig bespielen – völlig vorbei an dem, was die Menschen tatsächlich bewegt. Wenn man sich mit Menschen meines Alters darüber unterhält, bekommt man oft zu hören: »Ihr interessiert euch ja gar nicht für mich. Ihr diskutiert nur ständig über Sachen, die euch betreffen, aber das interessiert einfach keinen. Ich bin da schon lange ausgestiegen.« Für viele ist das auch der Grund, warum sie nicht mehr wählen gehen. Sie haben den Eindruck, am Ende des Tages seien »eh alle gleich« und nur an sich selbst interessiert. Und deshalb macht es für sie auch keinen Sinn, wählen zu gehen und einem dieser Kandidaten die Stimme zu geben. Kein besonders schmeichelhafter Befund für die aktuelle österreichische Innenpolitik.

Ich bin überzeugt davon, dass der Grund, warum sich Menschen – und vor allem junge Menschen – immer stärker aus dem politischen Diskurs zurückziehen, genau diese Entwicklung ist. Wir hören nicht zu. Und wir sagen nicht klar, was wir wirklich wollen. Menschen möchten über Themen und Inhalte sprechen. Entgegen der häufigen Ansicht, dass man Menschen in dieser reizüberfluteten Welt nur noch mit knalligen Videos, aufregenden Bildern oder schockierenden Sagern abholen kann, glaube ich, dass gerade in einer Zeit wie dieser das Gegenteil gefordert ist. Wir brauchen wieder die echte Auseinandersetzung mit Anliegen und Problemen, die Menschen in ihrem persönlichen Leben jeden Tag bewegen. Wenn sie in die Straßenbahn einsteigen und darüber nachdenken, wie sie ihren Tag gestalten wollen, um alles unter einen Hut zu bringen. Wenn sie am Wochenende mit ihren Großeltern telefonieren und sich dann darüber Gedanken machen, wie es wohl einmal möglich sein wird, diese zu pflegen und gleichzeitig den Familienalltag zu gestalten. Wenn sie die Zeitung aufschlagen und sich die Frage stellen, ob diese viel diskutierten Krisen wirklich so eintreten könnten, wie manche es prophezeien. Ständig die Sorge vor der nächsten unangenehmen Nachricht. Und viele dieser Fragen kann nur die Politik beantworten. Dafür braucht es die Politik. Dafür braucht es Politiker, die tatsächlich versuchen, sich dieser Lebensrealitäten anzunehmen und auf diese Sorgen einzugehen.

Doch im politischen Diskurs kommen wir meist gar nicht dazu, solche Fragen zu diskutieren, geschweige denn sie zu beantworten. Die eigene Botschaft unterzubringen und gleichzeitig auf die Botschaft des Gegenübers zu reagieren – das alleine deckt schon jede mediale Aufmerksamkeit ab. Ich hatte die letzten Monate immer mehr das Gefühl, dass aber genau das fehlt. Dass es mir fehlt. Es fehlt mir, Menschen tatsächlich dabei zuzuhören, worum es ihnen geht, welche Vision sie haben, was sie in ihrer politischen Arbeit antreibt. Dafür reicht nämlich kein Tweet. Dafür reicht keine Pressemitteilung. Und es reicht auch kein 15 Minuten langes Interview. In den letzten Jahren meiner politischen Arbeit beschlich mich immer wieder das Gefühl, dass es mir oft nicht gelang klarzumachen, worum es mir wirklich geht. Was mich wirklich antreibt. Und auch was mich zum Teil wirklich aufregt. Deshalb gibt es dieses Buch.

Gerade rund um die Wochen nach meinem Rücktritt als Generalsekretärin der Volkspartei, als eine hitzige Debatte darüber entbrannte, für welche Werte die Volkspartei steht, wurde das für mich sehr deutlich. So viele verkürzte Darstellungen, worum es uns als Volkspartei gehen soll. Worum es konservativen Parteien gehen soll. Tagelang las ich zahlreiche Analysen in nahezu jedem deutschsprachigen Medium, aber am Ende handelte es sich mehr oder weniger überall um eine sehr einseitige und verkürzte Darstellung darüber, was uns als Volksparteien am Ende des Tages ausmacht und was für Menschen wie mich der Kern konservativer Politik ist. Und egal, wie sehr man sich im persönlichen Gespräch darum bemüht, man schafft es kaum, gegen diese verkürzten Darstellungen anzukommen. Man schafft es kaum darzulegen, was der entscheidende Punkt ist, wieso ich und andere davon überzeugt sind, dass es eine bestimmte Politik für unser Land braucht, und warum manche Entscheidungen in meinen Augen falsch sind.

Ich behaupte nicht, alles zu wissen. Ich behaupte auch nicht, es mit meinen 28 Jahren Lebenserfahrung besser zu wissen als alle anderen. Wie könnte ich auch. Ich bin selbst mittendrin. Mittendrin in diesem Sturm namens Leben, der uns jeden Tag aufs Neue fordert. Doch ich behaupte, zum Teil verstehen zu können, was viele Menschen meines Alters bewegt, die sich gerade nicht von der Politik angesprochen fühlen. Die das Gefühl haben, dass Politik zurzeit eine Art Eisscholle ist, die einfach still und leise an ihnen vorbeischwimmt. Sie können sie nicht erreichen, und die Eisscholle wird sie auch niemals mitnehmen. Seit meinem 19. Lebensjahr engagiere ich mich politisch für die Volkspartei – in diesen Jahren habe ich unzählige Gespräche mit Menschen geführt. Manche von ihnen waren selbst schon lange Teil der Volkspartei, manche hatten noch nie Volkspartei gewählt und auch nicht vor, es jemals zu tun. Politik lebt von diesem Austausch. Politik lebt davon, dass wir zuhören. In diesen Jahren und in diesen vielen Gesprächen bin ich mal auf Zustimmung und mal auf großen Widerspruch gestoßen. In diesen Gesprächen konnte ich meine Meinung immer weiter schärfen und versuchen zu verstehen, wo Politik falsch abgebogen ist, und auch, wo wir etwas richtig gemacht haben. Da geht es mir aber nicht um eine einzelne Partei, sondern um die Politik als Gesamtes.

Und genau deshalb bin ich der Meinung, dass es auch mal wieder das kritische Hinterfragen unserer bisherigen Entscheidungen braucht. Und wirkliches Zuhören, ohne auf die veröffentlichte Meinung zu schielen. Es gibt so viele

Fragen des Lebens, die niemals von den Medien aufgegriffen werden, weil einfach kein Platz dafür da ist. Weil Journalisten selbst in persönlichen Gesprächen zugeben: »Ich würde das eh gerne bringen, aber das klickt einfach nicht. Und wir brauchen die Klicks auf unserer Seite. Da nehmen wir doch lieber andere Geschichten.«

Ich verstehe das. So funktioniert nun mal das System, in dem wir leben, und in dem wir alle Politik machen. Allerdings muss uns bewusst sein, dass das bedeutet, dass vieles so nie diskutiert werden kann. Dass vieles so nie an die Oberfläche kommen wird. Würden wir das ändern, dann würden uns, davon bin ich überzeugt, Menschen wieder zuhören. Ich versuche mit diesem Buch einen kleinen Beitrag dafür zu leisten.

Ich weiß allerdings, dass nicht jeder meine Meinung teilen wird. Ich war jedoch nie jemand, dem es besonders wichtig war, ausschließlich Zustimmung und Lob für seine politische Meinung zu bekommen. Schon sehr früh bin ich für meine politische Arbeit an den Pranger gestellt worden – für so ziemlich jede meiner Aussagen. Schon lange bevor ich eine tatsächlich politisch relevante Funktion übernommen habe. Ich wurde an den Pranger gestellt, weil ich eine junge Frau bin, die offen ihre Meinung vertritt, und das ohne Rücksicht auf Verluste.

Ja, ich bin der Meinung, dass gewisse Dinge in unserem Land und auch auf unserem Kontinent in die falsche Richtung laufen. Und ja, ich bin der Meinung, dass es möglich sein muss, dies auch laut zu äußern, egal ob es der Ansicht einzelner Meinungsmacher entspricht oder nicht. Und auch ohne darauf zu achten, ob ich das darf oder nicht. Für viele scheint das nämlich der entscheidende Punkt zu sein. Darf die das denn? Darf die so laut sein? Sollte die sich nicht mehr anpassen? Ist es ok, in diesem politischen System so unbequem zu sein? Und das als junge Frau?

»Bitte, Mädchen, ziehe dich doch mal etwas zurück. Konzentriere dich auf dein Privatleben, gründe vielleicht eine Familie und finde deine innere Mitte, aber reibe dich doch nicht immer so an der Politik auf«, sagte erst vor wenigen Wochen ein ranghoher politischer Vertreter zu mir, nachdem ich meine Meinung mal wieder geäußert hatte. Allerdings sagte er das erst, nachdem er mir versichert hatte, inhaltlich 100 Prozent meiner Ansicht zu sein. Aber leider könne er sie nicht laut äußern, das würde allzu viel Konflikte heraufbeschwören. Soviel dazu also.

Ich bin damit aber nicht allein. So geht es vielen politisch engagierten Menschen in unserem Land. Ich könnte jetzt vermutlich eine ganze Liste an namhaften Politikerinnen und Politikern aufzählen, die genau wie ich das Gefühl haben, dass es nicht mehr möglich ist, Dinge wirklich auszusprechen bzw. für seine Werte auch einzutreten. Am Ende war das auch der Grund, warum ich meine Funktion als Generalsekretärin der Volkspartei zurückgelegt habe. Ich hatte das Gefühl, ich kann nicht mehr für das eintreten, wofür ich brenne und wofür ich eigentlich Politik mache, ja, ich kann es nicht einmal mehr ansprechen. Das ist für jeden, der aus Idealismus anfängt, Politik zu machen, keine schöne Erkenntnis. Die Ursache liegt wohl darin, dass es eine vergleichsweise kleine Gruppe von Menschen gibt, die beansprucht, die Wahrheit für sich gepachtet zu haben. Und diese Gruppe entscheidet darüber, was man sagen darf und was nicht. Eigentlich ein ziemlicher Widerspruch zu unserem Verständnis von Demokratie, oder nicht?

Und während also ich und viele andere dafür an den Pranger gestellt werden, dass wir unsere Meinung vertreten, prangere ich an, wohin diese Gruppe an Menschen unser Land entwickeln will – nämlich nirgendwohin. Ich prangere an, dass viele von ihnen sich nur nach der veröffentlichten Meinung drehen. Sich nur danach richten, woher das größte

Lob in sozialen Netzwerken kommt – ohne darauf zu achten, ob dies die Menschen in Österreich auch wollen und brauchen. Ich prangere an, dass es für viele offenbar noch immer schwer zu verkraften ist, dass junge Frauen meinungsstark sind. Ich prangere an, dass manche glauben, es sei ok, jeden, der Entwicklungen kritisch hinterfragt, mundtot zu machen, nur damit man selbst seine eigene politische Agenda leichter durchsetzen kann. Ich prangere an, dass es für viele anscheinend in Ordnung ist, Frauen aufs Untergriffigste zu beleidigen – solange es sich um Frauen handelt, die nicht aus dem linken Spektrum kommen. Und ich prangere an, dass es Einzelne gibt, die versuchen uns allen weiszumachen, dass links »gut« und alles andere böse ist und totgeschwiegen werden muss. Ich prangere an, dass wir es zulassen, dass wir der Mehrheit unserer Gesellschaft nicht mehr zuhören. Und ich prangere an, dass wir zulassen, dass sich ganze Generationen einfach zurückziehen – in eine Ecke, wo wir sie nicht mehr erreichen können. Und genau das ist das Gefährliche.

Und vor allem prangere ich an, dass obwohl wir das alles still und heimlich wissen, es viele von euch leider einfach nicht schert. Kaum einer strebt an, es zu ändern – nicht einmal annähernd. Genau das ist das Problem. Anstatt also mich und viele andere für unsere Meinung an den Pranger zu stellen, sollten wir nicht euch, die ihr in diesem Spiel immer weiter mitmacht, an den Pranger stellen?

1 | JUNG, WEIBLICH & KONSERVATIV

Von außen betrachtet, müsste ich politisch links eingestellt sein. Theoretisch hätte ich alle Voraussetzungen, um mich für linke Politik zu engagieren und links zu wählen. Ich bin eine junge Frau, die Sozialwissenschaften studiert hat, ich bin in Wien geboren und aufgewachsen, und ich habe einen Migrationshintergrund und bin somit zweisprachig. Für viele wären das genug Gründe, mich als links einzuordnen. Ich bin es nicht. Und das obwohl ich während meiner Zeit in der Schule und an der Universität fast ausschließlich von Menschen umgeben war, die links wählten. Es wäre also der wesentlich leichtere Weg gewesen, sich dafür zu entscheiden. Es wäre mit Sicherheit der Weg des geringsten Widerstands gewesen, von mehr Zuspruch und kaum Widerspruch geprägt. Ich bin es dennoch nicht. Weil es meiner Meinung nach der falsche Weg ist und ich relativ früh erkannt habe, dass linke Werte keine sind, die in meinen Augen zum Fortschritt unseres Landes beitragen werden. Ich bin zutiefst überzeugt davon, dass uns eine ausschließlich links ausgerichtete Politik niemals den versprochenen Wohlstand erhalten wird. Radikal linke Politik wird uns niemals die Freiheit eines jeden Einzelnen in unserem Land garantieren, und es werden am Ende die Leistungsträger unserer Gesellschaft einen hohen Preis dafür zahlen müssen – dafür, dass eine kleine Runde von Meinungsmachern ihren selbst ernannten moralischen Standards entsprechen kann.

Was also ist der Weg, der in meinen Augen der richtige ist? In den vergangenen Jahren habe ich immer wieder erlebt, wie Kommentatoren und Journalisten meine Politik als »konservativ« bezeichnet haben. Doch was bedeutet konservativ in diesem Zusammenhang überhaupt? Immer wieder versucht man konservative und bürgerliche Politik als rückwärtsgewandt darzustellen, ihr ginge es nur darum, veraltete Strukturen krampfhaft zu erhalten und Fortschritt abzuwehren. Das ist eine absolut falsche und perfide Auslegung einer Politik rechts der Mitte. Genau das Gegenteil ist der Fall. Konservativ zu sein bedeutet in meinem Verständnis nichts anderes, als Werte zu bewahren. Diese Werte trotz Veränderungen und durch alle Krisen hindurch zu verteidigen und sich in der Bewältigung von Krisen an diesen Werten zu orientieren.

Bei meiner ersten Wahl habe ich selbst Grün gewählt. Bis zu meiner Studienzeit war ich jemand, der linke Politik vertreten hat und linken Idealen gefolgt ist. Weil es mir, wie oben beschrieben, zu diesem Zeitpunkt logisch erschienen ist und der Weg des geringsten Widerstands war. Schließlich gehört links zu sein für junge Menschen unter dreißig gemeinhin zum Mainstream. Im Laufe meines Studiums der Publizistik und der Kultur- und Sozialanthropologie an der Universität Wien erkannte ich jedoch relativ schnell, dass die Werte, die mir immer schon wichtig waren, und mein Bild einer funktionierenden Gesellschaft völlig anders waren als das, was linke Parteien in Österreich vertreten. Also machte ich mich auf die Suche nach etwas anderem und fand Gleichgesinnte in der Jungen ÖVP. Damals lernte ich in der Jungen ÖVP viele Menschen kennen, die meine Überzeugungen teilten: dass jeder Mensch versucht sein Bestes zu geben und wir die Errungenschaften unseres Sozialstaates als etwas verstehen, was es zu verteidigen gilt, und nicht als »Cashcow« für einige wenige.

Das Verständnis eines Vollkaskostaates, wie es Parteien links der Mitte immer wieder propagieren, kann in meinen Augen nicht funktionieren. Schon mit 18 Jahren schreckte mich diese Vorstellung ab. Davon auszugehen, dass einem staatliche Institutionen alles richten und alles bereitstellen, ist für mich die Selbstaufgabe eines jeden mündigen Bürgers. Der Mensch steht im Mittelpunkt jedes Handelns, im Mittelpunkt jeder Entwicklung und im Mittelpunkt jedes Fortschritts. Vom Menschen geht jede Veränderung aus. Das bedeutet aber auch, den Menschen als mündiges und selbstverantwortliches Wesen zu verstehen, dem der Staat zwar die besten Rahmenbedingungen und das beste Werkzeug geben kann, aber seinen Beitrag für die Gesellschaft muss jeder Mensch selbst leisten. Und das ist auch schon der springende Punkt. Seinen Beitrag leisten. Genau darum geht es für mich in so vielen Bereichen des Lebens und auch in der Politik. Ich bin in diesem Glauben aufgewachsen und zutiefst überzeugt davon, dass jeder Menschen seinen Beitrag zu leisten hat, um Teil einer funktionierenden Gesellschaft zu sein. Natürlich im Rahmen seiner Möglichkeiten. Das ist für mich einer der wichtigsten und fundamentalsten Zugänge, die wir in der Politik haben: davon auszugehen, dass jeder Mensch in der Lage sein soll, sich selbst zu helfen, sich selbst etwas zu schaffen und etwas aufzubauen – und wenn er das nicht kann, dann unterstützen ihn staatliche Institutionen.

Nur wenn alle jene, die imstande sind, ihren Beitrag zu leisten, dies auch tun, können wir andere, die auf Hilfe angewiesen sind, auch angemessen unterstützen. Das ist nicht nur der Inbegriff des Sozialstaates, sondern auch der Inbegriff einer solidarischen Gesellschaft.

Dieses Verständnis von Leistung war für mich einer der Gründe, mich in der Jungen ÖVP zu engagieren, und ist bis heute einer der größten Treiber in meiner politischen Arbeit geblieben.

Und damit stehe ich mit Sicherheit in meiner Generation nicht alleine da. Wie bereits erwähnt, gehört es zwar zum Mainstream, dass Menschen unter dreißig links wählen. Allerdings erleben wir in den letzten Jahren immer wieder, dass gerade die Jungen verstärkt konservativ, bürgerlich bzw. mitte-rechts bis rechts wählen. Bei den Tiroler Landtagswahlen 2022 schnitt die FPÖ bei jungen Menschen mit 24 Prozent mit Abstand am besten ab.[1] Bei den Nationalratswahlen 2017 und 2019 erzielte jeweils die Volkspartei unter Sebastian Kurz besonders gute Ergebnisse unter Jungwählern.[2] [3] Der große Vertrauensverlust in Politik und staatliche Institutionen in den letzten Monaten macht jedoch vor jungen Menschen in Österreich nicht Halt. Aktuelle Studien des Instituts für Jugendkulturforschung sprechen davon, dass das Misstrauen junger Menschen gegenüber der Politik noch nie so groß war. Nur 14 Prozent der 16- bis 29-Jährigen vertrauen noch politischen Parteien. Hier wird kaum zwischen regierenden Parteien und der Opposition entschieden.

Alle Parteien leiden unter diesem massiven Misstrauen der unter 30-Jährigen – alle bis auf eine Partei. Die FPÖ. Und warum? Weil sie als eine »Anti-Establishmentpartei«[4] verstanden wird, die gegen »die da oben« kämpft und somit die offenbar relativ weit verbreiteten Abstiegsängste der jungen Menschen anspricht. Diese Abstiegsängste betreffen aber nicht nur junge Menschen, sie scheinen in unserer Zeit der vielen Krisen eines der hervorstechendsten Wählermotive zu sein. »Menschen haben Angst, ihren Wohlstand zu verlieren. Und den sogenannten Luxus links zu wählen leistet sich auch bei jungen Menschen nur ein geringer Prozentsatz«, analysiert der österreichische Jugendforscher Bernhard Heinzlmaier.

Wenn es also in Wirklichkeit seit Jahren die Mehrheit der Jugend Österreichs ist, die konservativ bis rechts wählt, wieso sorgt es dann für dermaßen viel Empörung und Aufregung, dass eine junge Frau eine Politik rechts der Mitte verfolgt? Eine der häufigsten Fragen, die ich in den vergangenen Jahren gestellt bekommen habe, lautete: »Wie hältst du das nur aus?« Und gemeint war, wie ich mit all dem Hass, der mir entgegenschlug, umgehen könne. Dieser Hass und eine beinahe absurd laute Kritik an meiner Person begleiten mich bereits seit meiner Zeit in der Jungen ÖVP.

Zum Abschuss freigegeben

Ursache dafür ist sehr wahrscheinlich die Tatsache, dass sich mittlerweile eine unglaublich große Kluft zwischen der veröffentlichten Meinung, dem öffentlichen Diskurs und der tatsächlichen Meinung in der Bevölkerung aufgetan hat – und das unabhängig von Alters- und Einkommensgruppen. Was wir aktuell erleben, ist eine links ausgerichtete Meinungselite, die versucht einer ganzen Generation vorzuschreiben, wie sie zu denken hat. Alles wird in Schwarz und Weiß eingeteilt, in Gut und Böse. Alles, was als gut gilt, wird als progressive Politik verstanden. Alles andere erhält einen Stempel als rückschrittlich und beinahe reaktionär.

Allein das einfache Hinterfragen dieser fast schon autoritären Meinungsbildung wird nicht mehr geduldet, weder in der medialen Öffentlichkeit noch im persönlichen Gespräch.

> *Der rechtschaffene, moralisch erhabene Mensch ist links, so das Bild vieler linker Meinungsmacher.*

Dabei zeigt uns die Geschichte im Grunde das genaue Gegenteil. Die Vergangenheit lehrt uns, dass nur das Ausbrechen aus diesen Denkmustern, das Hinterfragen dieses Mainstreams am Ende Weiterentwicklung und Fortschritt bringen.

Das erste Mal sah ich mich während meines Wahlkampfes zur Wienwahl im Jahr 2020 mit einem großen Aufschrei auf Social Media konfrontiert. Ich produzierte in diesem Wahlkampf eine Reihe von Videos, in denen ich mich mit den Problemen in Wien auseinandersetzte. Bewusst wählte ich in den Videos eine sehr klare Sprache – allerdings nicht, um absichtlich zu provozieren, sondern weil es zu politischen Videos nun einmal dazugehört, alles möglichst unmittelbar zu formulieren. Jeder weiß, dass man im Netz im Schnitt maximal eine Minute Aufmerksamkeit für seine Videos bekommt – wenn überhaupt. Unter solchen Bedingungen seine Botschaft zu platzieren, erfordert nun einmal eine deutliche Sprache.

Und so kam es, dass meine Videos ab diesem Zeitpunkt für ziemlich großes Aufsehen sorgten.

Natürlich ging es da nicht nur um die Sprache, die ich wählte. Twitter hasste mich für meine politischen Inhalte, die ganz klar rechts der Mitte angesiedelt waren. Zusätzlich gab es wohl viele Menschen, die nicht verstanden, wie eine junge Frau aus Wien eben nicht sofort dem politischen Mainstream verfallen konnte und sich nicht für linke Politik engagierte. Ich war Mitte zwanzig, kandidierte für ein Mandat im Wiener Gemeinderat und Landtag und sprach über Integrationsversäumnisse in Wien, kritisierte das SPÖ-Modell des Wiener Gemeindebaus und sprach mich für die Beibehaltung von Nikolausfesten in Kindergärten aus. Das passte nicht jedem.

Während also Twitter darüber spekulierte, wie es nur sein konnte, dass eine junge Frau bewusst zu solchen Inhalten

> Die Sachslehner ist einfach ein dummdreistes Stück. Ich muss mein Konzept der Gewaltlosigkeit nochmals überdenken. Ich halte diese Typen einfach nicht mehr aus.
>
> Translate Tweet
>
> 6:32 PM · Sep 9, 2022 · Twitter for Android

Von: ▓▓▓ ▓▓▓▓▓▓ ▓▓▓▓
▓▓▓▓▓▓▓▓▓▓▓▓▓▓▓▓▓▓▓▓▓
Gesendet: Donnerstag, 19. Mai 2022 01:49
An: Sachslehner, Laura [WIEN]
Betreff: Anmerkung

Wieder einmal das perfekte Beispiel einer Fascho ÖVP B....

Hast du dich hochgeschlafen? Denn von Bildung bist du weit entfernt.

Ich steht nicht auf leichte Mädchen.

Und wünsche dir einen langen Leidenswegs nach einem schweren Unfall

---

· 18. Mai

Antwort an @l_sachslehner und ▓▓▓▓▓▓▓

wie zum teufel kann so ein mensch gewordener defekt wie #sachslehner überhaupt an die öffentlichkeit kommen, ich mein solche kinder versteckt man doch im keller um das familienansehen nicht zu gefährden oder ist das bei der #oevp familie anders? #hangerwarnichtdasschlimmste

Antwort an

Ich fick die Sachslehner ein paar Mal gscheit durch. Dann samma drinnen. Da und dort. Mir graust jetzt schon

12:29 vorm. · 29. Mai 2021 · Twitter for Android

· 1 Min.

@l_sachslehner du g'spritztes Weibsbild. Sagst uns dazu was oder kriegst die Pappn nur in der Lichtenfelsgasse auf, wennst wieder antreten darfst, um dich für einen Job zu „bewerben"?

Sei nicht traurig, ich schenk dir ein „F", dann bist wieder vollständig.

in der Silvesternacht

In Walchsee wurde ein Parkautomat mit Böllern schwer beschädigt, in Oberau mehrere Straßenlaternen mit einer Schneestange eingeschlagen.

---

die sollte auf der Saualpe mit den Asylbewerbern 2 Wochen zusammenleben und dann vielleicht mehr Verständnis für in Not befindliche Menschen entwickeln. Vielleicht wird sie auch von einem Afghanen, Tschetschenen oder Ukrainer ordentlich durchgefickt und ist dann nicht mehr so ausländerfeindlich!

1 Std.   Gefällt mir   Antworten   1

Die beschriebenen Angriffe kommen allerdings nicht nur aus dem extrem linken Lager. Sie kommen genauso aus der rechten Ecke. Nur war und ist die Aufregung in Ansehung meiner Person in linken Echokammern immer weit größer.

Freie Meinungsäußerung und freier Meinungsaustausch wird für beide Seiten der Extreme sowohl online als auch offline immer schwieriger. Und so wie ich mit besonders vielen Hassnachrichten aus der linken Ecke zu kämpfen habe, weiß ich aber auch, dass es Politikerinnen des linken Spektrums mit Meinungsmachern aus dem radikal rechten Lager genauso geht. Beides ist zutiefst zu verurteilen. Egal, wie oft wir darüber diskutieren, und egal, wie oft wir Hass im Netz verurteilen und nach neuen und strengeren Maßnahmen rufen, erlebe ich doch seit Jahren, wie wir immer wieder in die gewohnten Mechanismen zurückfallen und uns am Ende gegenseitig beschimpfen und bedrohen. Und vor allem Frauen werden bedroht.

Doch wieso entgleitet die Debatte so oft, wenn gerade Frauen laut für ihre Meinung und für ihre Werte eintreten, schon gar, wenn diese nicht in den Mainstream passen? Und was genau passt an den Werten, die ich und auch viele andere vertreten, nicht in den Mainstream? Das ist eine der Fragen, mit denen ich mich in den letzten Jahren immer wieder auseinandergesetzt habe.

Ist es, weil ich dafür eintrete, dass sich Leistung für jeden arbeitenden Menschen lohnen muss? Ist es, weil ich der Meinung bin, dass Sozialleistungen nur an Menschen ausbezahlt werden sollten, die auch tatsächlich bereit sind, ihren Beitrag für unser Land zu leisten? Liegt es daran, dass ich dafür eintrete, dass Menschen, die hier leben, auch unsere Werte teilen sollten? Liegt es daran, dass ich der Ansicht bin, dass wir nicht unbegrenzt Flüchtlinge aufnehmen können? Was genau an diesen Werten und an dieser Meinung entspricht eigentlich nicht dem Mainstream?

Ich kenne, wie gesagt, eine Vielzahl junger Frauen aus den unterschiedlichsten Regionen Österreichs, die sich alle für genau diese Werte einsetzen und sich ein Land wünschen, in dem nicht nur wieder mehr nach diesen Werten gelebt wird, sondern auch Politik auf deren Grundlage gemacht wird. In diesem Sinne sei ein für allemal allen selbst ernannten Meinungseliten dieses Landes ins Stammbuch geschrieben:

> *Konservativ und weiblich, das schließt sich nicht aus. Ganz im Gegenteil.*

2 | EIN GUTES LEBEN

Fragt man Vertreter meiner Generation auf der Straße, was sie sich vom Leben erwarten und wünschen, dann würde vermutlich am häufigsten die Antwort kommen: »Einfach ein gutes Leben, ohne Stress und finanzielle Sorgen.« Das bedeutet im Konkreten für die meisten wohl: einen guten, flexiblen Job, ein eigenes Zuhause, am liebsten im Eigentum, die Möglichkeit, auf Urlaub zu fahren und sich selbst in seiner Freizeit zu verwirklichen. Und das entspricht so ziemlich dem aktuellen Zeitgeist. Das Streben nach mehr Erfolg, nach mehr Geld und nach beruflichem Aufstieg, wie es frühere Generationen gekennzeichnet hat, steht längst nicht mehr im Vordergrund. Es geht vielmehr darum, seinem Leben einen Sinn zu geben und den perfekten Ausgleich zwischen Freizeit, Beruf, Familie und persönlicher Selbstverwirklichung zu finden. Die viel beschworene »Work-Life-Balance«.

Immer wieder hört man, die Work-Life-Balance sei die große Herausforderung der unter 30-Jährigen, dass keiner mehr arbeiten möchte, höchstens 20 bis 30 Stunden. Und genau deshalb würden wir unseren Wohlstand auf Dauer verlieren. Man wirft uns im Grunde Faulheit und eine gewisse Form der Wohlstandsverwahrlosung vor. Diese Sichtweise dominiert immer wieder nicht nur politische Debatten, sondern bewegt mit Sicherheit auch jeden, der auf der Suche nach Arbeitskräften ist und bei Bewerbungsgesprächen hört,

40 Stunden seien definitiv keine Option. Dabei geht es den meisten jungen Menschen in meiner Generation jedoch nicht darum, lediglich die Zahl der Stunden, die man in der Arbeit verbringt, auf ein Minimum zu reduzieren, und dabei trotzdem bestmöglich zu verdienen.

Es geht vielmehr darum, dass der Beitrag eines jeden Einzelnen für die Gesellschaft heute anders zu verstehen ist. Dieser Beitrag erschließt sich nicht mehr nur aus der Summe der abgeleisteten Steuern, sondern es gilt, sich selbst in seiner besten Version zu verwirklichen und so seinen Anteil für das Gemeinwohl zu leisten. Das schließt mit ein, dass auch die Arbeitsstelle möglichst »sinnvoll« sein soll. Sie soll familienfreundlich sein, sie soll einen inhaltlichen Sinn liefern, im besten Fall absolut flexibel gestaltet sein mit der Möglichkeit, sich seine Zeit frei einzuteilen. Statt fixer Dienstzeiten die Option, am Vormittag auch mal anderswo unterwegs zu sein und dafür auch am späten Abend seine Arbeit zu verrichten. Es geht nicht einfach darum, weniger zu leisten, sondern darum, »anders« zu leisten. Junge Menschen wünschen sich eine Arbeitswelt, die ihnen rundum ein gutes Leben ermöglicht. Und ein gutes Leben wird nicht mehr nur alleine durch beruflichen Erfolg bestimmt. Doch entgegen vieler Behauptungen steht Leistung dennoch weiterhin im Vordergrund. Ich würde sogar so weit gehen zu sagen, dass kaum eine Generation so leistungsbereit ist wie die aktuelle sogenannte Generation Z. Leistung und das Streben nach Mehr steht nur auf einmal in jedem Bereich ganz oben auf der Agenda – nicht nur im Job. Und diese neue Sichtweise auf das eigene Leben stellt für die Arbeitswelt eine Herausforderung dar.

Was also bedeutet dieses Streben einer ganzen Generation nach einem guten Leben für eine Gesellschaft? Die vor einigen Jahren in Österreich unter einer türkis-blauen Koalition eingeführte Arbeitszeitflexibilisierung entspricht absolut diesem Zeitgeist. Das Streben nach persönlicher Freiheit ist das oberste Ziel meiner Generation. Dieses Verlangen ist nicht unbedingt etwas Neues, es zeigt sich nur aktuell in neuer und veränderter Form. Der indische Philosoph Amartya Sen spricht sogar davon, dass das Wählen zwischen verschiedenen Lebensweisen, und damit das Wählen zwischen tatsächlichen Freiheiten eine »Eigenart menschlicher Lebensführung« sei. Und ferner attestiert er: »… die Freiheit, uns unser Leben auszusuchen, kann erheblich zu unserem Wohlbefinden beitragen, aber abgesehen vom Wohlergehen könnte die Freiheit selbst als wichtig verstanden werden.«[5] Dies geschieht mittlerweile zweifelsohne, und viele betrachten das als eine besorgniserregende Entwicklung. Gerade vor dem Hintergrund der aktuellen Krisen erscheint es ihnen fraglich, ob die jetzige oder auch zukünftige Generationen in Anbetracht ihrer Lebenseinstellung in der Lage sein werden, den bisher aufgebauten Wohlstand zu halten oder gar zu steigern. Meine Meinung dazu ist: Ja, natürlich. Wir müssen nur endlich die Rahmenbedingungen anpassen.

Es geht heute nämlich nicht mehr nur darum, die eigene finanzielle Absicherung jeden Tag zu gewährleisten. In diesem Leistungsbegriff ist auch die Bereitschaft enthalten, den Beitrag für eine ganze Gesellschaft zu leisten – nicht nur im Berufsleben, sondern in jedem anderen persönlichen Einflussbereich: Egal ob man sich sozial engagiert, sein Leben nachhaltiger zu gestalten versucht, sich persönlich weiterbildet, um zusätzliche Kenntnisse zu erlangen, oder das Zusammenleben in der Familie verbessern will. Was auf den ersten Blick egozentrisch wirken mag, ist am Ende des Tages das Streben einer ganzen Generation, aus unserer aktuellen Lebenssituation das Optimum herauszuholen.

Doch dieses Streben nach ständiger Verbesserung der Lebensbereiche kann nur funktionieren, wenn auch die Politik dieser Entwicklung nachkommt und dafür Rahmenbedingungen schafft. Das fängt bei flexiblen Arbeitszeiten an, bei Arbeitsmodellen, die mit einer eigenen Familie vereinbar sind, und reicht bis zu fairer und angemessener Bezahlung. Faire Bezahlung schon zu Beginn des Erwerbslebens, nicht erst nach zwanzig Dienstjahren. In einer flexiblen Arbeitswelt verbringt kaum jemand zwanzig Jahre beim gleichen Dienstgeber. Das bedeutet auch, dass wir eine Abflachung der Lebensverdienstkurve brauchen, um jungen Menschen die Möglichkeit zu bieten, sich etwas aufzubauen, und zu verhindern, dass ältere Arbeitnehmer für ein Unternehmen eine derartige finanzielle Belastung darstellen, dass sie möglichst früh in die Pension verabschiedet werden.

Darüber hinaus müssen wir einsehen, dass sich die ständig wiederkehrenden Debatten um eine Verkürzung der Arbeitszeit bereits lange überholt haben. Eine stetige Verkürzung der Arbeitszeit ist in einigen Branchen mittlerweile Realität, und es ist daher absurd, dass die Politik nach wie vor derart hitzig darüber diskutiert. Sehen wir uns die Fakten an, dann werden wir nämlich erkennen, dass die Arbeitszeit im Durchschnitt in Österreich ohnehin gesunken ist.[6] Sehen wir uns die Fakten an, dann erkennen wir, dass viele Unternehmen in Österreich bereits auf eine Verkürzung der Arbeitszeit setzen, um dringend benötigtes Personal zu rekrutieren.[7] Sehen wir uns die Fakten an, dann erkennen wir aber auch, dass eine gesetzlich vorgegebene 4-Tage-Woche, wie sie zum Beispiel Frankreich eingeführt hat, am Ende wieder zu dem gegenteiligen Effekt und zu mehr Arbeitslosigkeit führen kann.[8]

All das zeigt, dass das starre Festhalten an ideologisch aufgeladenen Modellen nicht das ist, was der Arbeitsmarkt braucht. Entwicklungen auf dem Arbeitsmarkt sind mittlerweile so dynamisch, ganze Branchen verändern sich heutzutage so rasant, dass das starre Festhalten von beiden Lagern an ihren historisch gewachsenen Sichtweisen nicht mehr zeitgemäß ist. Weder ist das plumpe und ständige Rufen nach einer kürzeren Arbeitszeit und mehr Urlaub sinnvoll noch ist das Ausgestalten der Arbeitswochen nach Rahmenbedingungen aus den 70er-Jahren erstrebenswert. Was unsere Arbeitsmarktpolitik wirklich braucht, ist das Ablegen der ideologischen Scheuklappen. In diesem Fall schadet Ideologie mehr, als sie nutzt.

Anstatt ständig in den Arbeitsmarkt eingreifen zu wollen und Unternehmen mit zusätzlichen Regulatoren und Auflagen zu belasten, müssen wir den Säulen unseres Wohlstandes – nämlich unseren Unternehmen – wieder mehr Luft zum Atmen geben, sodass sie sich so weiterentwickeln können, wie es der Markt von ihnen verlangt. Wenn Unternehmen eine kürzere Arbeitszeit für ihre Mitarbeiter einführen möchten, dann sollen sie das tun können. Wenn es die Situation nicht zulässt, dann brauchen sie keinen Staat und keine Politik, die es ihnen dennoch vorschreibt. Wenn Arbeitnehmer ihre Aufgaben lieber am Sonntagvormittag verrichten möchten und ihr berufliches Umfeld das auch erlaubt, dann sollen sie die Möglichkeit dazu haben. Und wenn Arbeitnehmer ihren Job alle zwei Jahre ändern möchten, dann sollen sie auch das ohne Einbußen tun können. Dabei sollten wir auch dafür Sorge tragen, dass die Bereitschaft zu leisten etwas ist, das wir als Gesellschaft und als Staat nicht nur befürworten, sondern auch mit weiteren Anreizen versehen – anstatt es zu sanktionieren, wie es trotz aller Beteuerungen leider in vielen Bereichen passiert. Ein möglicher Weg dafür könnte sein, Überstunden, die Arbeitnehmer freiwillig leisten, bis zu einer gewissen Höhe von der Steuer zu befreien.

Und genauso wie wir unseren Unternehmen und den Menschen in diesem Land nicht mehr vorschreiben sollten, wie sie zu arbeiten haben, sollten wir auch nicht einer ganzen Generation vorwerfen, sie sei faul. Oder egoistisch. Oder gar »lost«. So wie es im Zuge der Corona-Pandemie immer wieder formuliert wurde.[9] Ganz im Gegenteil. Das Streben nach diesem guten Leben zeigt uns nur, dass sich das Verständnis von Leistungsgesellschaft massiv verändert. Nur die Politik scheint es noch immer nicht ganz verstanden zu haben.

Wir brauchen eine Generation Eigentum

Doch woran liegt es eigentlich genau, dass sich dieses Bild vom eigenen guten Leben so verändert hat? Warum gelten die Regeln früherer Generationen, als es in erster Linie darum ging, sich um sein Gehalt und den beruflichen Aufstieg Gedanken zu machen, nicht mehr? Meiner Meinung nach liegt das zu einem großen Teil daran, dass junge Menschen nicht mehr an die alte Erzählung vom beruflichen Aufstieg glauben. Sie glauben nicht mehr daran, dass sie sich durch mehr Arbeit etwas aufbauen können. Sie glauben nicht mehr daran, dass sie durch mehr Arbeit auch mehr erreichen werden. Sie glauben nicht mehr daran, dass sie sich durch mehr Arbeit ein Eigenheim oder mehr Wohlstand aufbauen können. Und die Realität zeigt ihnen auch, dass sie mit dieser Annahme recht haben. Schon lange wird es für den Mittelstand in Österreich immer schwieriger, sich tatsächlich etwas aufzubauen. In Österreich liegt die Eigentumsquote bei 47,9 Prozent. Im Vergleich zu den Vorjahren ist diese Quote damit sogar etwas gesunken.[10] Der EU-Schnitt liegt jedoch bei knapp 70 Prozent. Nur in Deutschland und der Schweiz ist die Eigentumsquote noch niedriger als in Österreich. Um den krassen Gegensatz zu verdeutlichen: Rumänien hat eine Eigentumsquote von fast 96 Prozent.[11]

Das sind für einen Wohlfahrtsstaat wie Österreich alarmierende Zahlen. Obwohl wir zu den reichsten Ländern

Europas und der Welt zählen, ist es für Menschen in unserem Land offenbar nur schwer möglich, sich selbst Eigentum aufzubauen. Insbesondere der Mittelstand in unserem Land leistet jeden Tag unglaublich viel und leidet unter einer vergleichsweise hohen Steuerlast. Und immer weniger Menschen können sich wirklich nachhaltig etwas aufbauen. Vor allem jungen Familien ist es mittlerweile beinahe unmöglich, Grund und Boden zu erwerben. Ein Umstand, den wir dringend ändern müssen und auf den ich später auch noch ausführlich zu sprechen komme.

Der Wunsch nach Eigentum ist in der Bevölkerung tatsächlich in hohem Maße vorhanden.[12] Eigentum ist auch eine Lebensversicherung, es ist die beste Versicherung gegen Altersarmut.

Und Eigentum ist ein Menschenrecht. Artikel 17 der Menschenrechtserklärung besagt:

»(1) Jeder hat das Recht, sowohl allein als auch in Gemeinschaft mit anderen Eigentum innezuhaben.

(2) Niemand darf willkürlich seines Eigentums beraubt werden.«[13]

Während wir also in unseren Menschenrechten verankert haben, dass jeder das Recht auf Eigentum hat, merken wir, dass linke Parteien ein immer schwierigeres Verhältnis zu Eigentum aufweisen. Nicht nur wird das Verharren ganzer Generationen in der Miete als etwas Erstrebenswertes propagiert, sondern es gibt von linker Seite auch jedes Mal einen empörten Aufschrei, wenn man sich zum Thema Eigentum positiv äußert.

»Wie kann man nur so abgehoben sein und davon sprechen, dass Menschen Eigentum brauchen. Das kann sich ja keiner leisten! Typisch, da spricht man wieder nur über die oberen 10.000«, lautet der Vorwurf, der dann meist kommt.

Dabei wäre nichts an einer solchen Forderung »abgehoben«, wenn sich eben nicht mehr nur die oberen 10.000

in Österreich Eigentum leisten könnten. Weshalb sollte es abgehoben sein, dass junge Menschen gerne auf Eigentum hinarbeiten möchten? Weshalb sollte es abgehoben sein, dass viele Menschen viel arbeiten, damit sie sich am Ende Besitz schaffen können, wie zum Beispiel ein eigenes Heim? Und natürlich geht es dabei keineswegs darum, die Ansprüche von irgendwelchen Milliardären in unserem Land zu befriedigen. Es geht um jede und jeden in diesem Land, die natürlich nicht nur arbeiten gehen möchten, um gerade mal so über die Runden zu kommen oder ihre hart zusammengetragenen Ersparnisse am Konto dabei zu beobachten, wie sie von der Inflation aufgefressen werden. Darüber hinaus schafft Eigentum in erster Linie Freiheit – die Freiheit, sein eigenes Leben unabhängiger gestalten zu können.

Jeder soll also das Recht und die Möglichkeit haben, Eigentum zu bilden.

> *Und jeder, der bereit ist, mehr zu leisten, soll am Ende dafür auch belohnt werden.*

Ein Land, in dem es aber für den breiten Mittelstand nicht mehr möglich ist, Eigentum zu erwerben, darf sich auch nicht wundern, wenn Vertreter ganzer Generationen nicht mehr dem hohen Gehalt hinterherrennen und sich stattdessen auf andere Dinge konzentrieren. Denn egal, wie viel sie verdienen werden, sie werden immer nur in ihrer Mietwohnung sitzen bleiben. Dabei muss genau das unser Ziel sein: Weg von der Generation Miete hin zur Generation Eigentum.

Und auch, wenn es um den Erhalt von Eigentum geht,

finden wir uns mit Vertretern linker Parteien immer öfter in absurden Diskussionen wieder. Denn in der Erklärung der Menschenrechte finden wir auch, dass niemand willkürlich seines Eigentums beraubt werden darf. Für mich geht es da nicht nur darum, nicht beraubt zu werden, sondern es sollte ja auch nicht willkürlich beschädigt werden.

Sehen wir uns aber die Realität an, dann müssen wir erkennen, dass aktuell genau das immer wieder passiert. Vor einiger Zeit habe ich als Landtagsabgeordnete in Wien eine Kampagne zum Thema Graffitis gestartet. Wien erlebt seit einigen Jahren einen enormen Anstieg an illegalen Graffitis auf Wohnhäuser, und das in nahezu jedem Bezirk, sodass es mittlerweile ganze Viertel und Straßenzüge gibt, in denen man keine Wand mehr findet, die nicht beschmiert ist.[14] Ein Umstand, der viele Wienerinnen und Wiener enorm empört.

Klar, man könnte sich über dieses Thema auch lustig machen. Man könnte sagen, dass es in einer Zeit wie jetzt andere Probleme als Graffitis gibt. Ja, das kann eine Sichtweise sein.

Doch genau das wäre dann eine ziemlich abgehobene und elitäre Sichtweise. Denn wem gehört dieses willkürlich beschädigte Eigentum? Spielt es denn keine Rolle, dass Menschen ihren Besitz auf einmal vor sinnlosen Beschmierungen schützen müssen? Hier wird das Eigentum hart arbeitender Menschen beschädigt. Hauseigentümer müssen jährlich Unsummen an Geld für die Reinigung und Reparatur ihrer Fassaden in die Hand nehmen, um ihr Eigentum instand zu halten. Laut dem Österreichischen Haus- und Grundbesitzerbund kostet die Reinigung der Fassade zwischen 28 und 40 Euro pro Quadratmeter. Das kann mehrere tausend Euro an Kosten pro Graffiti bedeuten.[15] Aber offenbar hat eine Vielzahl von Menschen keinen Respekt mehr vor dem erwirtschafteten Eigentum anderer Mitbürger. Ganz abgesehen vom Inhalt dieser Schmieragen, die meist nur so vor Hass und Hetze strotzen. Und während viele den Hass im Netz oder im Persönlichen bekämpfen, scheint es für sie jedoch in Ordnung zu sein, wenn er sich auf Häuserwänden, Brücken oder U-Bahn-Schächten verbreitet. Ziemlich scheinheilig. Eigentum ist ein Menschenrecht, und jeder hat ein Recht darauf, dass sein Eigentum unbeschadet durch andere bleibt. Und jeder, der dieses Eigentum mutwillig durch illegale Schmierereien schädigt – egal unter welchem möglicherweise künstlerischen oder politischen Vorwand –, der verübt tatsächlich nichts anderes als eine Straftat.

Frauen: Wirtschaftsfaktor statt Opferkultur

Wenn wir von einem guten Leben sprechen, dann gibt es jedoch einen Aspekt, den wir auf keinen Fall auslassen dürfen. Auch auf die Gefahr hin, dass hier einige wieder denken: »Na, eh klar, da geht's wieder um die Frauen. Kein Buch ohne das Lamentieren von diesen Frauen.« Dabei geht es mir hier nicht um das schnöde Aufzeigen von fehlgeleitetem Feminismus oder einer Kritik an der opfergetriebenen Frauenpolitik der Linken. Und auch dazu gäbe es viel zu sagen. Mir geht es darum aufzuzeigen, wie entscheidend die Rolle von Frauen in diesem guten Leben ist. Mehr als die Hälfte der Weltbevölkerung sind Frauen. Ungefähr genauso hoch ist deren Anteil an der Gesamtbevölkerung auch in Österreich.[16] Das bedeutet, wir können keinen Fortschritt und keine Weiterentwicklung befördern, ohne uns damit auseinanderzusetzen, wie wir mit Frauen umgehen und welche Rolle sie spielen. Ohne uns kritisch zu fragen, in welchen Bereichen Frauen noch immer vor anderen Herausforderungen als Männer stehen.

Nach wie vor gestalten sich der Karriereweg und das Arbeitsleben für Frauen anders als das für Männer. Nicht alles daran ist schlecht, manches ist auch nicht zu ändern. Doch einige Stolpersteine ließen sich schon lange aus dem Weg räumen. Dabei geht es seit Jahrzehnten um die gleichen Fragen. Nach wie vor begehen wir jedes Jahr den Equal Pay Day und beschweren uns über die Gehaltslücke zwischen Männern und Frauen. Und nach wie vor diskutieren wir über bessere Bezahlung in systemrelevanten Berufen, in denen hauptsächlich Frauen beschäftigt sind. Dabei sind wir uns da mit Sicherheit alle schnell einig: Schluss mit diesen Ungleichheiten. Gleiche Chancen für Männer und Frauen. Gleicher Lohn für Männer und Frauen. Immer wieder predigen wir alle, jede Frau in Österreich soll alle Chancen haben und ihr Leben so gestalten können, wie sie es möchte. Gerade für konservative Parteien ist dieser Aspekt im Bereich der Frauenpolitik einer der wichtigsten: absolute Wahlfreiheit für jede Frau.

Aber dass wir genau das bei Frauen immer so betonen müssen, erscheint mir schon an sich absurd. Wer würde das denn nicht wollen? Doch dieser politische Wunsch geht nur in Erfüllung, wenn wir auch wirklich für Wahlfreiheit sorgen. Und um ganz ehrlich zu sein, das ist eben nicht der Fall. Zumindest nicht für jede und nicht flächendeckend in ganz Österreich.

Wahlfreiheit setzt voraus, dass Frauen selbstbestimmt und finanziell unabhängig leben können. Möchten sie zu Hause bleiben und sich um ihre Kinder kümmern, dann sollen sie das tun. Möchten sie möglichst schnell nach der Geburt in den Job zurückkehren, dann soll auch das möglich sein. Möchten sie Karriere in einem Beruf machen, der vorherrschend männlich dominiert ist, dann sollen sie alle Möglichkeiten dazu haben.

Doch nach wie vor gibt es viele Regionen Österreichs, in

denen Kinderbetreuung nicht flächendeckend und auch nicht im erforderlichen Ausmaß angeboten werden kann. Es reichen nicht nur die Plätze nicht, sondern auch die Öffnungszeiten sind zum Teil nicht so gestaltet, dass es für die Eltern die Möglichkeit gibt, daneben voll berufstätig zu sein. Mit 49 Prozent sind fast die Hälfte aller Frauen in Österreich daher in Teilzeit. Das wiederum resultiert natürlich auch in Einbußen beim Gehalt und bei der Pension.[17]

Die nackten Zahlen sprechen eine relativ deutliche Sprache: Die durchschnittliche Alterspension ist bei Frauen um 42,1 Prozent niedriger als bei Männern. Frauen verdienten 2020 in der Privatwirtschaft nach wie vor um 18,9 Prozent weniger als Männer.[18] Gleichzeitig sind die überwiegende Mehrheit aller Hochschulabsolventen in unserem Land Frauen.[19] Bedeutet das nun also, dass obwohl Frauen überproportional gut ausgebildet sind, ihre Arbeitsleistung dennoch schlechter bezahlt wird? Und damit auch weniger wertgeschätzt wird?

Nicht unbedingt. Denn schaut man sich diese Unterschiede genauer an, dann sieht man, dass es einiges gibt, was nicht auf Ungleichbehandlung beruht, sondern eher auf unterschiedliche Herangehensweisen in der Gestaltung des persönlichen Arbeitslebens. Viele Frauen arbeiten auch in schlechter bezahlten Branchen, wie etwa im Gesundheits- und Sozialbereich. Wieder andere arbeiten in kleineren Betrieben, in denen meist schlechter entlohnt wird. 2019 arbeiteten nur 36 Prozent aller erwerbstätigen Frauen in Betrieben mit 50 oder mehr Personen. Bei Männern waren es hingegen 45 Prozent.[20] Und auch in Technikberufen, die bekanntermaßen nicht nur gute Bezahlung, sondern auch gute Aufstiegschancen bieten, schaffen es nur zwei Drittel aller Absolventinnen einer technischen Ausbildung, Fuß zu fassen.[21]

Bedeutet das also, dass Frauen zum Teil selbst etwas am

Gender Pay Gap ändern können? Ja, durchaus. Dafür müssen wir allerdings anfangen, Frauen besser darüber zu informieren, was für Möglichkeiten sie haben. Wir müssen anfangen, Mädchen – und natürlich auch Buben – bereits ganz früh im Kindergarten und darüber hinaus klarzumachen, dass ihnen alle Türen offen stehen. Dass sie alles erreichen können, was sie wollen, solange sie selbst bereit sind, dafür etwas zu leisten. Dass sie jeden Beruf ergreifen können. Und auch später, wenn es um die Frage der Berufsorientierung geht, müssen wir Jugendlichen und insbesondere jungen Frauen klar aufzeigen, in welchen Branchen sich welche Aufstiegschancen bieten. Und welche Möglichkeiten für finanzielle Absicherung es gibt. Andererseits soll auch niemand in ein berufliches Feld gedrängt werden, das er oder sie eigentlich gar nicht anstrebt. Auch die Aufteilung der Kinderbetreuung und aller anderen familiären Verpflichtungen sollte im Privaten entschieden werden.

Jedes Jahr rund um den Equal Pay Day werden aktuelle Zahlen zur Geschlechtergerechtigkeit in Österreich rauf und runter diskutiert. Und ein Aspekt kommt dabei immer wieder vor. Frauen würden schlechter verhandeln und weniger Bewusstsein für den Umgang mit Geld haben. Deshalb sei auch ihre Bezahlung manchmal schlechter. Sie seien also selbst schuld daran. Das mag zu einem gewissen Teil stimmen. Nach wie vor gibt es allerdings einen eklatanten Unterschied bei der Bezahlung in klassischen »Männerberufen« und klassischen »Frauenberufen«. Während ein Frisörlehrling im ersten Lehrjahr zum Beispiel weniger als 600 Euro verdient, sind es beim KFZ-Lehrling im ersten Lehrjahr über 700 Euro.[22] [23] Als Bürokauffrau erhält man im ersten Lehrjahr 678 Euro und als Installations- und Gebäudetechniker sind es im ersten Lehrjahr 725 Euro.[24] [25]

Diese Gehaltsunterschiede setzen sich natürlich über die Jahre hinweg weiter fort und führen dann dazu, dass Frauen in der Lehre im Schnitt deutlich weniger verdienen, weil sie sich für Branchen entscheiden, in denen weniger gezahlt wird. Nun kann man versuchen Frauen mehr für andere Lehrberufe zu begeistern. Dennoch wird es wohl immer Frauen geben, die sich trotzdem für diese Berufe entscheiden und nicht für den Beruf des Mechanikers oder des Installateurs. Wenn wir also diese Lohnunterschiede bereinigen wollen, werden wir uns irgendwann damit auseinandersetzen müssen, gewisse klassische »Frauenberufe« besser zu entlohnen. Das gilt in erster Linie für viele Berufe im Sozial- oder Gesundheitsbereich. Auch hier sind es überwiegend Frauen, die das System tragen. Und es sind überwiegend Frauen, die bei rund 1.450 Euro Erstgehalt in ihren Pflegeberuf einsteigen.[26]

Das Einkommensgefälle zwischen Männern und Frauen hat also unterschiedliche Gründe. Manche davon können und sollten wir nicht ändern, da es nur auf Kosten der Wahlfreiheit einer jeden einzelnen Frau ginge. Bei anderen wiederum handelt es sich schlicht um Ungerechtigkeiten oder systematische Fehlentwicklungen, die wir schleunigst beseitigen sollten.

Unabhängig von Branche und Bildungsweg, sind Frauen ein entscheidender Wirtschaftsfaktor. Sie stellen einen bedeutenden Anteil unserer top ausgebildeten Arbeitskräfte dar. Ihre Partizipation am Arbeitsmarkt und am gesellschaftlichen Leben ist entscheidend für den Wohlstand und die Innovationskraft in unserem Land.

> *Frauen sind also alles andere als Opfer.*

Trotz all der Kennzahlen, die einen Unterschied im wirtschaftlichen Leben zwischen Frauen und Männern belegen, sind Frauen in Österreich alles andere als die gepeinigte Minderheit. So werden sie aber manchmal dargestellt. Und vor allem linke Parteien bemühen gerne dieses Narrativ.

Feminismus als Scheingefecht

Konservativen Parteien wird ständig vorgeworfen, eine rückschrittliche und frauenfeindliche Politik zu betreiben. Umgekehrt führen linke Parteien, um ihren feministischen Kampf zu untermauern, ins Feld, man müsse Frauen aus ihren gesellschaftlichen Fesseln befreien. Solche Fesseln mag es zum Teil geben, aber es grenzt an Realitätsverkennung, dies für die Mehrheit der österreichischen Frauen zu behaupten.

Wir Frauen sind keine Opfer. Eine Politik, die ständig das Opfer-Narrativ beschwört, bewirkt am Ende, dass sich dieses verfestigt und letztlich auch gesellschaftlichen Niederschlag findet. In der politischen Auseinandersetzung merken wir das immer wieder. Frauen können sich nicht ihr eigenes Gehalt erkämpfen, heißt es, deshalb müssen wir sie vor den bösen Unternehmen schützen. Frauen sind Opfer und können ihre Männer nicht dazu bringen, zu Hause zu bleiben, deshalb müssen wir sie vor den Männern schützen. Frauen sind Opfer und können sich nicht um die notwendigen Dinge des Alltags kümmern, deshalb müssen wir ihnen vorgeben, wie sie zu leben haben.

Für kaum eine Frau, die mit beiden Beinen im Leben steht und sich tagtäglich behauptet, bedeuten derlei politische Formeln eine tragfähige Grundlage für ein besseres Leben oder geben ihr auch nur im Ansatz das Gefühl, die Politik würde sie in ihrem Lebenskampf auch tatsächlich verstehen bzw. unterstützen. Im Gegenteil: Sie nehmen solche

Darlegungen oft sogar als Ärgernis wahr. Vor allem sind es Erzählungen, die nur in einer Blase existieren.

Chancengerechtigkeit kann immer nur unter der Prämisse erfolgen, dass wir den Frauen ihre freie Entscheidung darüber überlassen, welchen Weg sie einschlagen wollen. Wenn sich eine Frau bewusst dafür entscheidet, zu Hause bei ihren Kindern zu bleiben oder nur in Teilzeit zu arbeiten, dann ist dies nicht weniger heldenhaft, als wenn sie eine Karriere im MINT-Bereich einschlägt. In der öffentlichen Debatte verherrlichen wir aber meist nur die Seite der beruflich erfolgreichen Frauen und haben für jene, die sich für ihre Familie entscheiden, nur Verachtung oder Mitleid über. Dabei ist eine Entscheidung für die eigene Familie eine mindestens genauso große Leistung wie jeder andere berufliche Weg, den man wählt.

Und darüber hinaus gibt es bei all dem eine Tatsache, die wir nicht ändern können. Frauen werden schwanger – und Frauen bekommen Kinder. Das zwingt sie notgedrungen dazu, sich über die Vereinbarkeit von Familie und Beruf im Klaren zu werden. In einer ganz anderen Weise als Männer. Frauen zwischen Ende zwanzig und Ende dreißig müssen sich mit der Frage auseinandersetzen, wann der perfekte Zeitpunkt ist, um ein Kind zu bekommen und sich zumindest für ein paar Monate aus dem Beruf zurückzuziehen. Selbst wenn der Partner dann zu Hause bleibt. Wenige Wochen vor der Geburt und einige Wochen nach der Geburt sind es die Frauen, die zu Hause bleiben – denn sie bringen das Kind auch zur Welt. Eine biologische Tatsache, die wir nicht negieren können.

> *Diese biologischen Unterschiede zwischen Mann und Frau anzuerkennen, ist auch nicht sexistisch.*

gesetz, wonach man einmal im Jahr am Meldeamt sein Geschlecht ändern kann, beschäftigt, fragen sich immer mehr Menschen zu Recht, welchen Sinn all diese Auseinandersetzungen mit solchen Randthemen angesichts der großen Krisen unserer Zeit haben.

Der Sinn des guten Lebens

Österreich ist und bleibt ein Hochsteuerland. Im Jahr 2022 arbeiteten Österreicher und Österreicherinnen 227 Tage lang nur für den Staat. Erst danach wirtschafteten sie ihren Verdienst in ihre eigene Tasche. Das liegt in erster Linie an den überdurchschnittlich hohen Lohnnebenkosten, die wir in Österreich haben. 47,8 Prozent sind es. Der OECD-Durchschnitt liegt allerdings bei etwa 34,6 Prozent.[29] Auch wenn wir in den vergangenen Jahren vieles unternommen haben, um diese Steuerlast in Österreich zu senken, stehen wir im internationalen Vergleich noch immer sehr weit oben.

Wollen wir nachfolgenden Generationen das Gefühl vermitteln, dass sich Leistung lohnt, dann müssen wir uns überlegen, wie wir diese Steuerlast weiter senken. Und wir müssen dafür Sorge tragen, dass Politik den gesellschaftlichen Fortschritt in der Arbeitswelt nicht behindert, sondern im besten Fall nachhaltig unterstützt und fördert, damit unser Wohlstand nicht nur anhält, sondern sogar wächst. Unser gutes Leben werden wir uns nur erhalten können, wenn wir eine Standort- und Wirtschaftspolitik betreiben, die unsere Unternehmen nicht bremst, sondern stärkt. Diese Unternehmen sichern unseren knapp vier Millionen Arbeitnehmerinnen und Arbeitnehmern ihren Job.[30] Und ein nicht unwesentlicher Teil der Arbeitskräfte sind Frauen. Diesen

Frauen die besten Chancen zu bieten, ist elementarer Bestandteil einer auf Wohlstand und Weiterentwicklung ausgelegten Politik.

Frauenpolitik ist nämlich nicht immer nur Familienpolitik. Frauenpolitik ist in erster Linie Arbeitsmarktpolitik. Frauenpolitik ist Wirtschaftspolitik. Frauenpolitik ist Bildungspolitik. Ein gutes Leben bedeutet auch, dass wir irgendwann genauso viele weibliche Managerinnen in Führungsetagen sitzen haben wie männliche. Ein gutes Leben bedeutet, dass bei all den Hochschulabsolventen am Ende dann doch nicht nur männliche einen exponierten wissenschaftlichen Karriereweg einschlagen. Ein gutes Leben bedeutet aber auch, dass wir anerkennen, wenn Frauen sich gemeinsam mit ihrem Partner dazu entscheiden, ihr Kind zu Hause zu betreuen. Und ein gutes Leben bedeutet, dass wir anfangen Ungerechtigkeiten zu beseitigen. Dass wir Wahlfreiheit nicht nur predigen, sondern auch leben.

Ein gutes Leben ist allerdings auch etwas zutiefst Privates. Jeder hat sein eigenes, sein persönliches höchstes Gut. Das gilt es zu respektieren. Und den Raum dafür zu schaffen, dass jeder dieses höchste Gut leben und pflegen kann. Dafür braucht es keine Ideologie. Dafür braucht es sogar weniger Ideologie. Der deutsche Philosoph Friedrich Kambartel schrieb einmal: »Das Leben selbst hat einen Eigenwert. Wem es also gelingt, sein Leben um seiner selbst willen zu leben, der erfährt die wahre Lebensfreude.«[31]

In der antiken Philosophie galt als Ziel des Lebens die Glückseligkeit.[32] Demnach müsste es die Aufgabe politischer Vertreter sein, das Finden und Erreichen von Glückseligkeit möglich zu machen. Etwas, das der Politik auch nicht völlig fremd ist. Immerhin ist dieses »Streben nach Glück« (»The Pursuit of Happiness«) in der Unabhängigkeitserklärung der USA von 1776 festgeschrieben und bildet in vielerlei Hinsicht den Ausgangspunkt für den noch heute viel beschworenen amerikanischen Traum.[33] Auch wenn wir in Europa und Österreich unseren eigenen Traum und unsere eigene Herangehensweise an viele Dinge haben, so eint uns doch alle eben auch dieses Streben nach Glückseligkeit.

Glückseligkeit umfasst meiner Meinung nach jedoch auch, etwas zu geben. Etwas zu schaffen. Und etwas zu leisten, das Sinn stiftet. Dieser Sinn mag für jeden etwas anderes sein. Für manche ist es etwas Materielles, für andere nicht. Für einige besteht der Sinn im Privaten. Für wieder andere ist der Sinn das Wirken in der Öffentlichkeit. Aber egal, was es ist, die Politik muss Rahmenbedingungen schaffen und dafür kämpfen, diesen Sinn möglich zu machen. Tut sie das nicht, dann macht Politik irgendwann auch keinen Sinn mehr. Und wer braucht eine Politik ohne Sinn?

3 | UNSER HERZSTÜCK

In meinem Studium der Kultur- und Sozialanthropologie gab es eine Vorlesung, die mir besonders in Erinnerung geblieben ist. In »Formen der sozialen Organisation« ging es um die Bedeutung von Familie und verwandtschaftlichen Beziehungen in unterschiedlichen Kulturen und ethnischen Gruppen. In der Anthropologie geht man davon aus, dass sich das Konstrukt der Verwandtschaft in unterschiedlichen Ethnien auch anders bildet. Während bei uns Verwandtschaft etwas ist, das durch biologische Zusammenhänge oder Heirat entsteht, gibt es in anderen Ethnien auch andere Formen, wie solche verwandtschaftliche Verbindungen definiert werden können. Unabhängig von der Definition, ist Verwandtschaft und Familie dennoch überall der Kern jeder gesellschaftlichen Organisation.

Der britische Anthropologe Jack Goody schreibt in »Geschichte der Familie« dazu, dass »in der Geschichte der Menschheit buchstäblich keine Gesellschaft bekannt« sei, in der »die Kernfamilie – meistens als gemeinsam siedelnde Gruppe – nicht eine wichtige Rolle gespielt hätte.«[34] Die renommierte deutsche Sozialanthropologin Tatjana Thelen spricht sogar davon, dass Verwandtschaft und das Gebilde eines Staates untrennbar miteinander verbunden sind und Familie somit auch der Mittelpunkt jeder politischen Organisation ist.[35] Also kein Staat ohne Familie. Keine Gesellschaft ohne Familie. Und somit auch keine Politik ohne Familie.

Nachdem also der Kern einer jeden Gesellschaft die Familie ist, müssen wir diesen Kern auch in das Zentrum unseres politischen Tuns stellen. Dabei handelt es sich bei diesem Familienbegriff keineswegs um ein veraltetes Konstrukt, an das sich konservative Parteien panisch klammern, wie linke Kommentatoren uns gerne unterstellen. Auch heute, in unserer top entwickelten und von Wohlstand geprägten Welt ist die Familie nicht nur Mittelpunkt des gesellschaftlichen Lebens, sondern auch Ausgangspunkt für Fortschritt und Erfolg eines Staates. Unsere Familien entscheiden darüber, wie nächste Generationen ihr Umfeld gestalten und ihr Wirken in unserer Gesellschaft ausrichten. Familien entscheiden darüber, wie viel und vor allem wofür sie ihr Geld ausgeben – ob sich ein Urlaub dieses Jahr ausgeht oder diesmal vielleicht doch ausgesetzt werden muss, weil das Haushaltsbudget einfach nicht reicht. Familien entscheiden darüber, ob die Oma zu Hause gepflegt wird oder sie sich Hilfe von außen suchen. Schaffen wir es, das Leben unserer Familien optimal zu strukturieren, dann wird es uns auch gelingen, unseren Wohlstand zu sichern und nächsten Generationen die besten Rahmenbedingungen mitzugeben. Denn klar ist:

> *Familien sind das Herzstück unseres Landes.*

Der katholische Theologe Johann Michael Sailer meinte zu Beginn des 19. Jahrhunderts: »Die gute Familie ist das heilige Gefäß, aus dem die bessere Nachwelt hervorgeht.«[36] Dennoch rückt Familienpolitik im tagespolitischen Diskurs immer mehr in den Hintergrund. Sie wird nicht nur gern als »Frauenthema« dargestellt, sondern verkommt zu einem

Ressort, in das man im Budget das Geld hinschiebt, wenn am Schluss noch etwas übrig ist. Familienpolitik zählt zu den weichen »feel good«-Themen, die man auf der Tagesordnung ergänzt, wenn zufällig noch Platz ist. Aber selten ist Familienpolitik das Thema, von dem aus man in die politische Diskussion startet. Ein Umstand, der nicht nur sehr schade, sondern auch fatal ist. Denn wenn Familien der Ausgangspunkt unseres gesellschaftlichen Lebens sind, sollten wir sie auch als Ausgangspunkt für politische Maßnahmen betrachten.

Das bedeutet in erster Linie, dass wir versuchen müssen, unsere Familien bestmöglich zu entlasten und ihnen die größtmögliche Flexibilität zu bieten, um auf alle Anforderungen des täglichen Lebens reagieren zu können. Damit hängen natürlich einige unangenehme Fragen zusammen. Wie können wir aufhören, die Vereinbarkeit von Familie und Beruf immer nur an den Frauen festzumachen? Wie können wir die Familien bei den Lebenshaltungskosten unterstützen? Wie können wir sicherstellen, dass Paare auch wieder Familien gründen, ohne sich Sorgen vor der finanziellen Belastung zu machen?

In den letzten Jahren wurden in Österreich bereits einige familienpolitische Entlastungen beschlossen, unter anderem der Familienbonus, der Steuererleichterungen für Familien mit Kindern sicherstellt. Dank dieser und anderer Maßnahmen gibt Österreich mittlerweile wesentlich mehr Geld für Familien aus als noch vor zwanzig Jahren.[37] Dennoch stellen die täglichen Belastungen für Familien eine große Hürde dar. Die finanzielle Entlastung unserer Familien muss also auch in den kommenden Jahren eines der obersten politischen Ziele sein.

Fast jeder möchte eine Familie. Der Fokus auf Familiengründung ist oft weit stärker, als es das Augenmerk auf die berufliche Laufbahn ist. Aber gerade in meiner Generation und Altersgruppe ist die Angst davor, die Familie nicht finanziell absichern und versorgen zu können, besonders verbreitet. Wie soll sich das alles ausgehen? Wie können wir unseren Unterhalt bestreiten, wenn ein Partner in Karenz geht und dann ein Teil des Gehalts fehlt? Und wann ist der beste Zeitpunkt dafür – vor allem für Frauen, die, wie wir schon gesehen haben, damit möglicherweise Einbußen in ihrem beruflichen und finanziellen Fortkommen hinnehmen müssen? Und sobald Kinder da sind, beginnen neue Sorgen. In welchen Kindergarten, in welche Schule soll das Kind gehen? Wie koordiniert man die Freizeitgestaltung des Kindes mit den eigenen beruflichen Terminen und Anforderungen? Wie stellt man sicher, dass das Kind bestmöglich gefordert und gefördert wird.

Für die Politik bedeutet das eine ganze Reihe von zentralen Entscheidungen, die es zu treffen gilt:

Welche Möglichkeiten haben wir, die Kinderbetreuung sicherzustellen, um Paaren größtmögliche Flexibilität zu bieten? Manche Eltern möchten ihre Kinder möglichst früh in eine staatliche Kindertagesstätte geben, andere aber betreuen das Kind lieber so lange wie möglich im familiären Umfeld. Und jetzt frage ich: Welche Lösungen haben wir hier? Aktuell kaum welche. Weder gibt es ausreichend Plätze in den Kinderbetreuungsstätten noch haben wir Rahmenbedingungen geschaffen, die es den Familien erleichtern würden, ihre Kinder möglichst lange zu Hause zu betreuen.

Dabei wäre es grundsätzlich etwas Positives und Wünschenswertes, wenn Kinder möglichst lange im Kreis der Familie betreut werden und die ersten Jahre hauptsächlich im familiären Umfeld verbringen – zum Beispiel, indem sie von den Großeltern betreut werden, sofern es diese gibt und sie in der Nähe wohnen.

Kinderbetreuung durch die »Oma-Karenz« neu denken

Für Vertreter linker Parteien ist das Abschieben in staatliche Institutionen die einzig richtige Antwort. Fast schon reflexartig wird jedes Mal nach mehr Kindertagesstätten gerufen, wenn dieses Thema aufkommt. Ich halte das zwar nicht für grundlegend falsch, glaube aber, wir sollten uns zuerst überlegen, welche Möglichkeiten es gibt, um unsere Kinder innerhalb der Familie betreuen zu können. Das Auslagern der Kinderbetreuung in staatliche Institutionen kann immer nur dann die Lösung sein, wenn alle anderen Varianten bereits ausgeschöpft sind.

Die viel kritisierte ungarische Regierung hat ein staatliches Modell geschaffen, das genau dieses Problem zu lösen versucht. Dort wird eine Betreuung von Kleinkindern durch die Großeltern staatlich gewünscht und auch gefördert. Das bedeutet, dass auch Großeltern die Kinderbetreuung ihrer Enkelkinder offiziell übernehmen können, und dafür vom Staat Kinderbetreuungsgeld ausbezahlt bekommen.[38] Eine solche »Oma-Karenz« würde uns nicht nur neue Möglichkeiten für den Arbeitsmarkt liefern, sondern auch viele bisherige Probleme im Rahmen der Betreuung von Kindern lösen. Wenn es Großeltern gibt, die sich um ihre Enkelkinder kümmern möchten, warum sollten wir dann nicht die staatlichen Rahmenbedingungen dafür schaffen? Wenn dadurch viele der top ausgebildeten und qualifizierten Frauen möglichst früh wieder in den Arbeitsmarkt zurückkehren, warum sollten wir das dann nicht nutzen? Darüber hinaus sprechen wir hier von einem Modell, das für viele Familien vermutlich schon gelebte Realität ist. Es geht nur noch darum, das auch staatlich anzuerkennen und zu fördern.

Seit Jahren diskutieren wir darüber, was wir dagegen tun

können, dass viele der Frauen, die jahrelang in ihre Ausbildung investieren, am Ende dann doch einige Jahre bei ihren Kindern zu Hause bleiben und somit nicht die Karrierechancen nutzen, die sich ihnen bieten würden. Wenn aber die Politik flexible Betreuungsmodelle entwickelte, dann könnte damit ein Ausweg aus diesem Dilemma geschaffen werden. Wiederum zeigt sich, dass es auch für politische Entscheidungen ausschlaggebend ist, wie wir den Begriff der Familie definieren. Anstatt Karenz immer nur als etwas zu betrachten, das zwingend zwischen Mann und Frau aufzuteilen ist, könnten wir Karenz als etwas verstehen, das jede Familie für sich definiert und eben auch zum Beispiel die Großeltern einschließt.

Statt dessen aber kreist die Debatte nun schon eine gefühlte Ewigkeit darüber, ob es nicht sinnvoll wäre, die Karenz verpflichtend zwischen Mann und Frau aufzuteilen, um so die Gleichberechtigung und Rollenverteilung zwischen Mann und Frau zu stärken. Das würde bedeuten, dass Paare nur dann vollen Anspruch auf Karenzgeld bekommen, wenn sowohl der Mann als auch die Frau für ein Jahr in Karenz gehen und beim Kind zu Hause bleiben – ohne Kompromisse. Das mag in der Theorie vielleicht nach einem netten, progressiven Ansatz klingen. In der Realität ist das allerdings nichts anderes als eine massive Grenzüberschreitung des Staates, mit der er in das private Leben eines jeden mündigen Bürgers und einer jeden Familie eingreift. Wenn ein Paar für sich beschließt, dass nur die Frau oder auch nur der Mann zu Hause bleiben soll, dann muss dies akzeptiert werden – auch ohne dass der Staat einem finanzielle Einbußen als Strafe in Aussicht stellt. Wie das enge persönliche Familienleben inklusive der Kinderbetreuung auszusehen hat, muss sich jeder Mensch in unserem Land persönlich aussuchen dürfen. Ohne dann die Rüge des Staates oder einer anderen Seite befürchten zu müssen.

Ein Umstand, der mich bei allen Diskussionen so aufregt wie kaum ein anderer. Ständig wird lamentiert, dass Frauen nach wie vor mit Stereotypen zu kämpfen haben und andauernd in Rollenmuster gesteckt werden, und dann tut die Politik genau das Gleiche. Politiker bauen sich auf und erklären Frauen und ihren Familien, welche Rollenverteilung sie in ihrem Familienleben umzusetzen haben. Das ist in meinen Augen einfach nur übergriffig – und sonst nichts.

Nach wie vor ist es in Österreich eher die Ausnahme als die Regel, dass Männer ebenfalls in Karenz gehen. Das mag eine Vielzahl von unterschiedlichen Gründen haben, seien es Karriereentscheidungen, seien es finanzielle Überlegungen. Wenn aber Paare dieses Modell wählen möchten, dann soll ihnen dies ohne Wenn und Aber gestattet sein. Wenn aber nur die Frau zu Hause bleibt, dann sind wir weder Richter noch Jury darüber, ob das nun gut oder schlecht ist. Das Einzige, was hier eine Rolle spielt, ist die Frage, ob Familien zufrieden sind mit dem Leben, das sie führen. Jede andere Beurteilung hat sich die Politik und jeder andere im Land zu ersparen.

Jeder Familie ihr eigenes Heim

Margaret Mead spricht Ende der 1950er-Jahre in ihrer Studie »Mann und Weib« noch davon, dass das eigene Heim der Mittelpunkt der verfestigten Geschlechterrollen ist und dass gerade Frauen als »klar vorgezeichnete Berufslinie« mitgegeben wird, ihr Heim als Mittelpunkt ihres Berufslebens zu wählen.[39] Mittlerweile haben wir diese zwanghafte Rollenaufteilung zwar weitestgehend überwunden, doch die Bedeutung eines eigenen Heims für Familien ist weiter unbestritten. Heutzutage fehlt uns nun jedoch leider oft genau dieses eigene Heim.

Und zwar das eigene Heim im Eigentum – egal, ob das nun das klassische Einfamilienhaus oder eine eigene Wohnung ist.

Wie schon eingangs erwähnt, haben in Österreich die wenigsten Familien ein Eigenheim und auch nicht die Chance, sich in näherer oder fernerer Zukunft eines zu errichten. In Wien zum Beispiel leben zwei Drittel aller Haushalte in Mietwohnungen.[40] Der Traum vom Eigenheim liegt da für viele in weiter Ferne. Die besonders niedrige Eigentumsquote in Österreich trifft in erster Linie die junge Generation. Ich spreche hier bewusst von Familien, die man gemeinhin zum Mittelstand in unserem Land zählt. Denn diese Familien sind am Ende auch die Leistungsträger. Sie sind diejenigen, die unter der größten Steuerlast leiden, die aber gleichzeitig den größten Beitrag für unser Land abliefern und oft von Sorgen geplagt werden, dass es nicht und nicht reichen könnte. Diese Familien müssen wir in den Fokus rücken und sie so zu entlasten versuchen, dass sie sich nicht nur ihren Alltag leisten, sondern auch als Basis für ihr Familienleben ein Zuhause schaffen können.

Ein Weg dafür wäre, nicht nur die Nebenkosten beim Erwerb des ersten Eigenheims zu streichen, sondern auch vergünstigte Wohnkredite für junge Familien zur Verfügung zu stellen. Eine Maßnahme, die in anderen Ländern Europas bereits intensiv diskutiert wird, in einigen ist sie bereits Realität. So zum Beispiel auch in Ungarn. Dort bekommen Familien, die entweder bereits Kinder haben oder vorhaben, welche zu bekommen, einen staatlichen Zuschuss, um sich ein eigenes Zuhause aufzubauen.[41] In Deutschland umgekehrt ließ die Ampelkoalition mit Ende des Jahres 2022 das sogenannte »Baukindergeld« auslaufen.

Mit diesem staatlichen Fördermodell wurde Familien (auch Alleinerziehenden) beim Kauf einer Immobilie oder beim Bau eines Eigenheims pro Kind 12.000 Euro Unterstützung zur Verfügung gestellt – ausgezahlt in zehn Jahresraten zu je 1.200 Euro. Ein Programm, das durchaus Erfolg hatte. Zwischen

2018 und 2021 sollen fast 310.000 Familien in Deutschland davon profitiert haben.[42] Die deutsche Bundesbauministerin Klara Geywitz von der SPD kündigte zwar ein neues Kreditprogramm zur Förderung von Wohneigentum an, doch würde diese Förderung nur noch Projekte betreffen, welche die neuesten Energieeffizienzstandards erfüllen.[43] Darüber hinaus kündigte sie an, dass der Traum vom Eigenheim für aktuelle und kommende Generationen nicht mehr realistisch sei, da es »weder ökonomisch noch ökologisch sinnvoll sei, wenn jede Generation ihre eigenen Häuser baue«.[44] Sie halte ungehemmten Neubau somit für falsch.[45] Das Ziel sei also, Familien sanierte Eigenheime nahezulegen, anstatt sie im Bau eines eigenen Heimes zu unterstützen. Solche Töne hört man auch in Österreich immer wieder von Vertretern linker Parteien.

Auch wenn das auf den ersten Blick nach einem Streben für mehr Nachhaltigkeit klingen mag, so zeugt es doch in erster Linie von einem sehr eigentumsfeindlichen Verständnis. Für Familien ist der Wunsch, sich irgendwann ein Eigenheim zu schaffen, eines der zentralsten Anliegen in ihrem Alltag. Auch wenn es für viele – auch vor dem Hintergrund aktueller Krisen, die das tägliche Leben umso teurer machen – momentan in weiter Ferne scheint, so hat die Politik diesen Wunsch doch ernst zu nehmen und dementsprechende Maßnahmen in Betracht zu ziehen.

> *Es ist nämlich nicht die Aufgabe der Politik, einzelne ideologische Ansätze über die Wünsche der Bevölkerung zu stellen. Aufgabe der Politik ist es, die Erfüllung solcher Bedürfnisse, auch wenn es nicht über Nacht geht, möglich zu machen.*

Anstatt uns also in ideologische Debatten zu verstricken, sollten wir uns daranmachen, unseren Familien tatsächlich ein paar Hürden aus dem Weg zu räumen. Und unserer Gesellschaft damit einen großen Gefallen tun.

Familien in all ihren Formen anerkennen

Wenn wir schon über das Thema Ideologie und Familie sprechen, dann sollten wir auch das mit einer großen Portion Ehrlichkeit und Realitätssinn machen. Es gibt schon lange Familien, die nicht unbedingt dem klassischen Bild der Familie von Mann und Frau und zwei Kindern entsprechen. Wir sehen, dass viele Familien ihre ganz eigene Definition von Familie gefunden haben und diese jeden Tag leben, ob es sich nun um die Verbindung von zwei Frauen oder zwei Männern oder eine Reihe von bunten Patchwork-Familien handelt. Das ist längst tatsächliche Lebensrealität – auf dem ganzen Globus.

Aber die Politik diskutiert noch immer darüber und kann sich nicht von ideologisch geprägten Debatten lösen. Ob denn der Begriff der Familie jetzt nur von heterosexuellen Paaren bestimmt werde oder auch von homosexuellen oder ob es auch anerkannte Partnerschaften von Homosexuellen gäbe oder nicht – ja, tatsächlich, die Politik beschäftigt das nach wie vor. Aber an dieser Realität wird keine Politikblase mehr etwas ändern. Und es ist auch nicht ihre Aufgabe. Die Rolle der Politik besteht nämlich auch nicht darin, gesellschaftlichen Wandel zu blockieren.

Ich selbst bin in einer klassischen Familie aufgewachsen, wie man sie vermutlich im Bilderbuch findet. Verheiratete Eltern, eine ältere Schwester, und gemeinsam sind wir eine klassische vierköpfige Familie. Ich musste mir also lange keine Gedanken darüber machen, welche anderen Formen von Familie es noch geben kann. Und schon gar nicht musste ich mir darüber Gedanken machen, dass es für manche auch eine Herausforderung sein kann, sich als Familie zu definieren. Doch mittlerweile hat sich auch meine Sicht auf dieses Thema stark verändert.

Zu meinem Bekanntenkreis zählen, wie wohl bei jedem, sowohl homosexuelle wie heterosexuelle Personen. Kaum jemand verliert darüber noch ein Wort. Ein Mensch ist ein Mensch. Aber es gibt einen Menschen, der mir hier besonders wichtig ist. Ich habe einen sehr, sehr guten Freund, der mich seit vielen Jahren durch mein Leben begleitet. Wir lernten uns als zwei sehr naive, unerfahrene Wesen Anfang zwanzig kennen. In den vergangenen Jahren haben wir gemeinsam privat und beruflich viel miteinander erlebt, und wir haben Freude und Leid miteinander geteilt. Ich bin sehr dankbar, dass ich einen Menschen wie ihn in meinem Leben habe, einen Freund, den ich zu jeder Tages- und Nachtzeit anrufen kann und der mit mir gemeinsam jedes Abenteuer meistert. Und dieser Freund ist homosexuell.

Für uns hat dieses Detail in unserer Freundschaft keine Bedeutung. Wieso sollte es auch. Aber es ist ein Detail, das immer dann relevant wird, wenn es um politische Debatten geht. Denn dann taucht dieses Thema immer wieder auf. Wer hat welche sexuelle Orientierung, und wie wird das von manchen Parteien ausgeschlachtet? Aber sollte denn die sexuelle Orientierung in der Politik und bei politischen Entscheidungen eine Rolle spielen? Meiner Meinung nach nicht. Ich wünsche meinem Freund nur das Beste. Ich wünsche ihm, dass er sein Leben genauso gestalten kann wie jeder andere und sein Glück findet. Es soll ihm an nichts fehlen – heute nicht und auch in Zukunft nicht. Er soll sich in seinem Leben alles aufbauen können, was er will. Und er soll eine Familie gründen können, wenn er das will.

Wie könnte ich eine Politik verfolgen oder für Werte eintreten, die ihm das nicht ermöglichen? Nichts davon wäre auch nur im Entferntesten denkbar für mich. Und ich bin überzeugt davon, dass es der Mehrheit der Menschen in unserem Land genauso geht. Es ist vollkommen klar, dass jeder Mensch in unserem Land die gleichen Chancen, die gleichen Rechte und die gleichen Möglichkeiten bekommen soll – unabhängig von Geschlecht, Herkunft, Religion oder auch sexueller Orientierung. Und das gilt in meinen Augen auch für den zutiefst persönlichen Lebensbereich, nämlich das Leben als Familie.

Genau deshalb müssen wir aber aufhören, die Rechte von gleichgeschlechtlichen Paaren als politisches Kleingeld zu missbrauchen. Wir müssen aufhören, gleichgeschlechtliche Paare als Exotikum darzustellen, für die es dringend eigene Ampeln, Zebrastreifen oder Festivals braucht. Denn wir alle teilen ja die gleiche Lebensrealität. Die Politik – nicht nur in Österreich – gefällt sich aber zum Teil in einem Überstrapazieren der sexuellen Orientierung von Menschen. Um daraus ein eigenes Problem zu machen. Ein Unikum. Etwas, was den einen vom anderen untrennbar unterscheidet. Dabei ist genau diese Differenzierung das gefährliche. Es gibt nicht die einen und die anderen.

Und genauso gibt es auch nicht die guten und die bösen Familien. Es gibt nur all diese Familien, die die Leistungsträger in unserer Gesellschaft darstellen. Eltern, die jeden Tag aufstehen, sich und ihre Kinder fertig machen, sie in die Schule bringen, in die Arbeit fahren und sich den ganzen Tag abstrampeln, damit sie ihren Alltag meistern und die Zukunft ihrer Kinder absichern können. Nur diese Familien gibt es. Und genau diese Familien müssen wir unterstützen, ich sagte es schon. Wir müssen sie entlasten.

Wir müssen ihnen alles Nötige zur Verfügung stellen, um dafür zu sorgen, dass sie genau das sein können, was sie sollen und wofür wir sie brauchen: die Keimzelle unserer Gesellschaft, aus der nicht nur die nächsten Generationen unseres Landes hervorgehen, sondern die auch der entscheidende Wirtschaftsfaktor in unserem Land sind. Denn Familienpolitik ist vor allem auch Wirtschaftspolitik.[46]

> *Familien sind nicht nur der Ausgangspunkt für jeden gesellschaftspolitischen Wandel und Fortschritt, sie sind auch der Ausgangspunkt für unseren Wohlstand.*

Sie sichern unser wirtschaftliches System ab.

Also setzen wir Familienpolitik doch ganz oben auf die politische Agenda. Hören wir auf Familienpolitik ans Ende der Rangordnung zu schieben, sondern starten wir vielmehr von unseren Familien aus in den politischen Diskurs.

Egal, wo auf der Welt, egal, wann in der Geschichte, und egal, unter welchen Bedingungen – überall und immer war die Familie der Kern einer Gesellschaft. Sie wurde und wird immer wieder unterschiedlich definiert. Mal nehmen Mütter eine zentrale Rolle ein, mal sind es Väter. Manche Familien bestehen aus vielen Kindern, andere nicht. Mal bestehen Familien aus leiblichen Kindern und dann wiederum nicht. Mal verändern sich Familien über die Jahre hinweg, Elternteile kommen hinzu oder schlagen auch einen eigenen Weg ein. Mal bestehen Familien aus zwei Generationen und mal aus mehreren. Doch unterm Strich bleibt eines immer gleich: Unsere Familien sind unser Herzstück. Von ihnen geht alles aus. Jeder Fortschritt, aber auch jeder Rückschritt. Und deshalb sollten wir dieses Herzstück immer verteidigen und beschützen – manchmal offenbar auch gegen uns selbst.

dazu in Österreich führen. Linke Parteien drehen die Debatte rund um die Integration von Zugewanderten in eine völlig falsche Richtung, sodass es so aussieht, als wäre es eine Anmaßung, von Menschen zu verlangen, dass sie sich in erster Linie selbst um ihre Integration kümmern müssen. In öffentlichen Diskussionen wird lang und breit darüber philosophiert, was der Staat alles tun müsse, um für die Integration der Menschen zu sorgen. Was die Politik alles investieren und an Modellen gestalten müsse, um dafür zu sorgen, dass jeder Mensch seiner eigenen Integration nicht mehr entgehen kann.

Integration als Bringschuld der Zugewanderten

Schlägt man das Wort »Integration« im Lexikon nach, dann findet man dort, dass es bei Integration um die »Eingliederung in ein großes Ganzes«[49] geht. Folgt man dieser Definition, dann würde das bedeuten, dass es die Aufgabe der Menschen, die zu uns kommen, ist, sich in unser großes Ganzes – in unsere Gesellschaft – einzugliedern. Und genau so sehe ich die Integration eines jeden Menschen, der zu uns kommt.

Es ist die Aufgabe dieser Menschen, dafür zu sorgen, dass sie sich in einem Land eingliedern, die Sprache sprechen und dafür Sorge tragen, dass sie sich so rasch wie möglich selbst versorgen können. Natürlich, der Staat sollte das im besten Fall nicht verhindern, sondern fördern. Aber Integration ist eine Bringschuld der Zugewanderten und nicht Aufgabe des Staates.

Das klingt auf den ersten Blick vielleicht relativ nachvollziehbar, und fast könnte man sich fragen: Wo liegt da das Problem? Wenn wir das einfach klar kommunizieren, werden die Menschen dem schon folgen, oder?

In der Realität sehen wir aber, dass wir in manchen Communitys und in manchen Städten – wie zum Beispiel in Wien – Strukturen vorfinden, die es Menschen gut ermöglichen, für sehr lange Zeit jeglicher Integration zu entgehen. Für viele ist es offenbar nicht zwingend notwendig, die deutsche Sprache zu erlernen oder sich eine Stelle am Arbeitsmarkt zu suchen. Sie kommen auch so durchs Leben. Und das ist nichts, was wir einfach hinnehmen sollten.

Solche Schlupflöcher müssen wir schließen, um es Menschen schwerer zu machen, sich der Integration in unserem Land zu entziehen. Wir müssen die Regeln verschärfen und dafür Sorge tragen, dass Menschen nicht anders können, als sich zu integrieren. Es muss ihre Aufgabe sein, sich hier ein Leben aufzubauen. Es ist nicht Aufgabe des Staates, ihnen dieses Leben am Tablett zu servieren. Diese Regelverschärfung fängt an bei den Sozialleistungen, die ganz klar an Sprachkenntnisse und die Bereitschaft, einen Beitrag für das Land zu leisten, geknüpft sein sollten. In erster Linie bedeutet das also keine Unterstützungsleistungen für Menschen, die noch keinen Cent in unser System einbezahlt haben und auch keine Bereitschaft zeigen, das zu ändern.

Wir brauchen im Bereich der Integration vorrangig eine Diskursänderung. Es darf nicht mehr einzig und allein darum gehen, was wir als Staat zu leisten haben, um Menschen eine gelungene Integration in diesem Land zu ermöglichen.

> *In erster Linie muss es darum gehen, was diese Menschen leisten, um Teil unserer Gesellschaft zu sein.*

Um von unserem Sozialstaat zu profitieren. Und um von unserem Wohlstand zu profitieren. Und wir müssen uns auch trauen, das laut auszusprechen und von jedem, der zu uns kommt, einzufordern.

Sehen wir uns jedoch zum Beispiel die aktuelle Ampelregierung in Deutschland an, dann stellen wir fest, dass dort genau das Gegenteil passiert. Integration wird immer mehr zur Bringschuld des Staates, und die Mehrheitsgesellschaft passt sich mehr und mehr an die Anforderungen einer zugewanderten Minderheit an. Anfang Oktober ertönte in Köln zum ersten Mal ein Muezzin-Ruf, der zum Gebet ruft.[50] Die parteilose Bürgermeisterin argumentierte dies mit der freien Religionsausübung. Im Unterschied zu kirchlichem Glockengeläut ist der Gebetsruf des Muezzin jedoch ein religiöses Bekenntnis.[51] Und unabhängig von der tatsächlichen politischen Begründung, die dahinter steht, halte ich das für eine eigenartige Entwicklung in einem Land, das durch christliche Geschichte, Kultur und Tradition geprägt ist. Und man muss sich die Frage stellen, wo endet diese Entwicklung? Ist es irgendwann in jeder europäischen Stadt üblich, dass der Ruf des Muezzin mehrmals am Tag zu hören ist? Stellen wir uns so ein Europa der Zukunft vor? Und vor allem, welche Signale senden wir damit an Zugewanderte aus dem islamischen Raum? Kommt zu uns, und wir passen uns dann an euch an?

In Österreich sehen wir anhand einiger Beispiele bereits jetzt, dass eine schwache bis kaum vorhandene Integrationspolitik zu massiven Fehlentwicklungen führt. Im sozialdemokratisch regierten Wien hat knapp die Hälfte der Bevölkerung einen Migrationshintergrund.[52] Das allein stellt noch nicht das Problem dar. Doch sprechen mehr als die Hälfte aller Volksschüler kein Deutsch zu Hause.[53] Sieben von zehn Zuwanderern, die aktuell nach Österreich kommen, haben einen hohen Alphabetisierungsbedarf, d. h. sie können nicht lesen und schreiben. Viele von ihnen können dies auch in ihrer primären Sprache nicht.[54]

Diese Menschen in den Arbeitsmarkt zu integrieren, ihnen unsere Sprache und Schrift beizubringen erfordert ungeheure Anstrengungen und ein unglaubliches Ausmaß an finanziellen Investitionen in notwendige Unterstützungsmaßnahmen. Und betrachten wir dann die Zahlen, so zeigt sich, dass auch dieser Aufwand nur zu einem begrenzten Teil Wirkung erzielt. Die Integration der Menschen, die 2015 zu uns gekommen sind, ist noch immer nicht abgeschlossen. 61 Prozent der Syrerinnen und 35 Prozent der Syrer, 51 Prozent der Afghaninnen und 21 Prozent der Afghanen und 47 Prozent der Irakerinnen sowie 26 Prozent der Iraker sind nach wie vor arbeitslos.[55]

Die Integration dieser Menschen scheint also noch immer nicht so zu funktionieren, wie wir uns das vorstellen. Und auch die Vorfälle im Herbst und zu Silvester des Jahres 2022 zeigen uns, wie tief und umfassend die Probleme sind, die durch mangelnde Integration in unserer Gesellschaft entstehen. Wenn Asylwerber in unseren Städten gewalttätig werden, randalieren, Polizisten angreifen oder sich an jungen Frauen und Mädchen vergehen, dann gefährdet das unser Zusammenleben. Dann gefährdet das die Sicherheit von Frauen und Kindern. Und das gefährdet unser soziales Gefüge als Gesamtes.

Abgesehen davon, dass solche Fälle nicht ohne Konsequenz bleiben dürfen, führen sie uns auch vor Augen, dass wir trotz aller Anstrengungen ein Problem mit der kulturellen Integration mancher Bevölkerungsgruppen haben. Nach wie vor scheint es für manche nicht selbstverständlich zu sein, sich an unsere Gesetze und Regeln zu halten. Für junge Männer aus Afghanistan, Syrien oder dem Irak ist es offenbar nach wie vor schwierig, sich an unsere Werte zu halten und danach zu leben.

Diese Tatsache laut auszusprechen ist in jeder politischen Debatte ein Drahtseilakt. Denn diese Wahrheit will kaum jemand hören, der zuvor jahrelang eine Willkommenspolitik propagiert hat und mit dem Märchen durch das Land gezogen ist, dass wir nur jeden bestmöglich unterstützen müssten, und dann würde die Integration ganz von alleine klappen. Hauptsache, wir gestalten unser System nur möglichst offen und durchlässig, dann werden sich alle Menschen schon gut bei uns einleben und sich in unserer Gesellschaft einfinden. Das ist eine Geschichte, die so leider nicht stimmt. Spätestens jetzt, einige Jahre nach den Ereignissen von 2015, müssen wir das einsehen.

Kulturelle Gewalt als importiertes Problem unserer Gesellschaft

Manche Menschen treten unsere Werte und Gesetze mit Füßen, und dafür muss es auch die nötigen Konsequenzen geben. Gewalt kann keinen Platz in unserem Land haben. Und auch die damit zum Teil importierte Frauenfeindlichkeit kann hier keinen Platz haben. Die importierte Frauenfeindlichkeit ist in meinen Augen überhaupt eines der großen Probleme, die uns in Europa die Entwicklungen der letzten Jahre beschert haben. Je mehr Menschen aus Ländern zu uns kommen, in denen Frauen nicht die gleichen Rechte wie Männer haben, desto mehr verbreitet sich diese fremde Wertehaltung auch in unserem Kulturkreis. Auf den ersten Blick sind sich bei diesem Thema wohl alle politischen Lager einig. Alle verurteilen Gewalt, sei sie kulturell bedingt oder nicht, natürlich sofort und ohne Wenn und Aber. Wenn wir diesen Gewalttaten gegen Frauen einen Riegel vorschieben wollen, dann müssen wir jedoch auch so ehrlich sein und aussprechen, was der Grund für alle diese Taten ist. Spätestens wenn wir aktuelle Kriminalitätsstatistiken ansehen, in denen zum Beispiel Afghanen bei Delikten wie Mord und Vergewaltigung deutlich überrepräsentiert sind, dann sollten wir anfangen uns einzugestehen, dass eine unkontrollierte Migration und ein verwässertes Verständnis von Integration genau dazu führt: zu importierter Frauenfeindlichkeit und kultureller Gewalt gegen Frauen.[56]

Der norwegische Soziologe Johan Galtung spricht in seiner Definition von Gewalt davon, dass bei kultureller Gewalt unterschiedliche Formen der Gewaltausübung für die Gesellschaft legitimiert und akzeptabel gemacht werden.[57] Auch in Österreich können wir die Zunahme von Gewalt beobachten, die durch kulturelle oder religiöse Traditionen in einzelnen Communitys legitimiert wird – aber am Ende dennoch nichts anderes ist als die Verletzung und Unterdrückung von Frauen.

Natürlich gibt es auch andere Gewalt gegen Frauen. Keine Frage. Und bevor hier gleich einige wieder aufschreien, natürlich ist diese genauso zu verurteilen. Natürlich ist jeder Femizid, der in Österreich oder woanders auf der Welt geschieht, schrecklich. Natürlich ist jede Gewalttat gegen eine Frau absolut inakzeptabel. Und natürlich müssen wir alle notwendigen Maßnahmen ergreifen, um jegliche Form von Gewalt gegen Frauen zu bekämpfen. Es gibt kein Aufwiegen der einen Form von Gewalt gegen die andere. Allerdings darf diese Tatsache nicht als Ausrede dafür verwendet werden, dass wir kulturelle Gewalt und importierte Probleme nicht laut thematisieren und darauf hinweisen. Dass wir da nicht kritisch hinsehen. Und schon gar nicht, dass wir aus diesem Grund nichts dagegen unternehmen.

Eine besonders grauenvolle Form solch kultureller Gewalt, die durch Migrationsbewegungen auch in Europa und in

Österreich immer weiter zunimmt, ist die weibliche Genitalverstümmelung. Allein schon die Tatsache, dass wir seit einigen Jahren auch steigende Fälle in Österreich verzeichnen, ist ein erschütternder Befund. Die lasche bzw. nicht vorhandene Migrationspolitik der Europäischen Union führt dazu, dass in Europa immer mehr junge Frauen und Mädchen leben, die von Genitalverstümmelung betroffen oder bedroht sind. 600.000 Frauen sind laut Schätzungen in Europa einer Genitalverstümmelung unterzogen worden. Weltweit sind es sogar über 200 Millionen Frauen.[58] In Österreich sind rund 6.000–8.000 Frauen betroffen. Und das obwohl Genitalverstümmelung bei uns strafbar ist. Weder Eltern noch die Frauen selbst – wenn sie volljährig sind – können straffrei in so einen Eingriff einwilligen. Genauso machen sich auch Ärzte strafbar, die solch einen Eingriff durchführen lassen. Rein rechtlich ist die Sache also in Österreich ziemlich klar. Dennoch werden immer wieder Frauen und Mädchen diesem als Initiationsritus geltenden Eingriff unterzogen. Für viele Menschen stellt das grausame Ritual eine wichtige Tradition und Teil ihrer kulturellen Identität dar.[59]

Im Hinblick auf diese brutale Praxis ist es nicht ausreichend, einfach nur finanzielle Mittel an Vereine auszuzahlen, die sich gegen eine Beschneidung engagieren. Wir müssen die Wurzel des Problems bekämpfen und nicht einfach nur die Symptome lindern. Natürlich brauchen wir entsprechende Mittel, um betroffenen Frauen zu helfen. Viele Vereine und Institutionen leisten Großartiges in diesem Bereich, erwähnt seien nur die vielen Ärzte, die mit Hilfe chirurgischer Rekonstruktionen dafür sorgen, dass betroffene Frauen nach Jahren wieder ein halbwegs normales Leben führen können.

Um dieses Engagement weiter zu unterstützen, müssen wir nicht nur das Personal im Bildungs- und Gesundheitsbereich entsprechend schulen, sondern auch dafür sorgen, dass es ausreichend Plätze in Spitälern gibt, die Rekonstruktionen durchführen können. Betroffene Frauen müssen außerdem nicht nur medizinisch, sondern auch psychologisch intensiv betreut werden.

Doch bei all dem dürfen wir eines nicht außer Acht lassen:

> *Wir müssen dafür sorgen, dass solche Rituale erst gar keinen Eingang in unser Land finden.*

Dass es bei uns keine Frauen gibt, die sich Sorgen um ihre körperliche Integrität und Unversehrtheit machen müssen. Und das bedeutet, wir müssen hinschauen, warum und woher solche Traditionen kommen, und es ist absolut kontraproduktiv, aus bloßer politischer Korrektheit und falscher Toleranz nicht aussprechen zu wollen, wo das Problem tatsächlich liegt.

Neben dem Ritual der weiblichen Genitalverstümmelung ist auch die Zwangsehe ein Phänomen, das in den letzten Jahren immer mehr bei uns überhand nimmt.

Schätzungen zufolge soll es etwa 200 Zwangsehen pro Jahr in Österreich geben – die Dunkelziffer ist aber möglicherweise viel höher. Besonders in den letzten Jahren haben diese Zahlen wieder massiv zugenommen.[60]

Genauso wie weibliche Genitalverstümmelung ist auch die Zwangsehe eine Form der kulturellen Gewalt. Eine Tradition, die in manchen Teilen der Welt nach wie vor praktiziert und von vielen auch nach wie vor befürwortet wird. Dabei ist die Zwangsverheiratung von Menschen eine Menschenrechtsverletzung. Artikel 16 der Allgemeinen Erklärung der Menschenrechte besagt, dass »eine Ehe nur im freien und vollen Einverständnis der künftigen Ehegatten geschlossen werden darf.«[61]

Diese Menschenrechtsverletzung betrifft in den meisten Fällen Minderjährige, also Kinder und Jugendliche. Eine dringend notwendige Präventionsmaßnahme wäre hier, das Ehealter in Österreich auf 18 Jahre anzuheben sowie ein Eheverbot für Cousins und Cousinen zu verankern. Doch auch in diesem Fall wird es nicht reichen, nur die Symptome zu bekämpfen. Auch hier müssen wir ansprechen, was das dahinterliegende Problem ist: falsche Toleranz. Falsche Toleranz gegenüber Menschen, die zu uns kommen und sich hier ein besseres Leben aufbauen wollen.

Ja! zum Kopftuchverbot für Mädchen

Neben der Genitalverstümmelung und der Zwangsehe ist auch das Kopftuch ein heißes Eisen, das heftig diskutiert wird. Während viele das Kopftuch als ein religiöses Zeichen sehen wollen, handelt es sich in letzter Konsequenz dabei um ein politisches Symbol. Ein Symbol des politischen Islam. Und vor allem ein Symbol der Unterdrückung von Frauen.

Die Debatte rund um das Kopftuch beschäftigt alle europäischen Staaten seit Jahren. Betrachten wir aber die Auseinandersetzung mit dem Kopftuch in anderen Teilen der Welt, dann erkennen wir, dass die Debatte dort anders verläuft als bei uns in Europa. Während sich bei uns politische Vertreter immer wieder schützend vor das Kopftuch stellen und mit der »Selbstbestimmung der Frau« argumentieren, kämpfen Frauen in islamischen Ländern genau für diese Selbstbestimmung – und gegen das Kopftuch.

Im Herbst 2022 erschütterten die Proteste von Frauen

im Iran, die gegen den Zwang, ein Kopftuch tragen zu müssen, auf die Straße gingen, die ganze Welt. Die Proteste hatten Mitte September begonnen und fanden spätestens nach dem tragischen Tod der 22-jährigen Mahsa Amini einen neuen Höhepunkt.[62] Innerhalb weniger Wochen ging es bei den Protesten nicht mehr nur um den Kampf gegen das Kopftuch, sondern auch um den Sturz der islamischen Führung. Auch in Österreich äußerten politische Vertreter beinahe aller Parteien ihre Solidarität mit den Protestierenden im Iran.

Der Kampf der Frauen im Iran ist beeindruckend. Genauso energisch sollten wir auch in Europa und in Österreich gegen jede Form und jedes Symbol des politischen Islam kämpfen. Es grenzt an Absurdität, dass viele selbst ernannte Feministinnen sich in Österreich mit den iranischen Protestierenden solidarisieren und gleichzeitig kein Problem darin sehen, wenn junge Frauen und Mädchen in Österreich dazu gezwungen werden, ein Kopftuch zu tragen. Immer wieder gab es in Österreich, vor allem in Wien, in den letzten Jahren Fälle, wo Mädchen in Kindergärten bzw. in der Volksschule ein Kopftuch trugen. Ein verstörendes Bild.

Auch in diesem Zusammenhang hören wir dann immer: Frauen sollen selbstbestimmt leben dürfen und deshalb selbst entscheiden, was sie tragen und wie sie sich kleiden. Diese Aussage unterschreibe ich voll und ganz. Aber glaubt denn wirklich irgendjemand in diesem Land, dass eine Vier-, Sechs- oder Achtjährige selbst darüber entschieden hat, ob sie ihr Kopftuch tragen möchte? Glaubt denn irgendjemand wirklich daran, ein Mädchen in diesem jungen Alter kann sich selbst darüber eine Meinung bilden? Natürlich nicht. Und auch bei älteren Mädchen, die ein Kopftuch tragen, stellt sich immer die Frage, was ist am Ende tatsächlich freiwillig?

Auch ein 14-jähriges Mädchen wird wohl oder übel sehr

stark dem Wunsch der Eltern – oder der Brüder – entsprechen müssen und deshalb ein Kopftuch tragen. Sicherzustellen, dass so ein Zwang nicht stattfindet, das ist die Aufgabe des Staates. Und aus diesem Grund muss der Staat auch Rahmenbedingungen schaffen, die ein solches Tragen des Kopftuchs in Kindergärten und Schulen unterbindet. Erst dann können wir von echter Selbstbestimmung sprechen.

Der Verfassungsgerichtshof in Österreich hat das Verbot des Kopftuches in Schulen gekippt. Das ist natürlich zur Kenntnis zu nehmen. Gleichzeitig sehen wir, dass der Europäische Gerichtshof im November 2022 ein Urteil gesprochen hat, dass ein Kopftuchverbot in Unternehmen zulässig ist. Unternehmen können durch interne Regeln festlegen, dass das Tragen eines Kopftuches in ihrem Betrieb nicht zulässig ist – sofern diese Regel auf alle Arbeitnehmer angewendet wird.[63]

Also wo ein Wille, da auch ein Weg. Wenn es Unternehmen erlaubt ist, interne Regeln für das Tragen eines Kopftuches aufzustellen, dann sollte das auch in anderen Bereichen des öffentlichen Lebens möglich sein. In anderen europäischen Ländern war es jedenfalls sehr wohl möglich, ein Kopftuchverbot an Schulen und Kindergärten zu verankern. In den Niederlanden und in Belgien zum Beispiel können Schulen und Kindergärten über ihre Hausordnung selbst darüber entscheiden, ob sie ein Kopftuchverbot aussprechen oder nicht.[64] Eine Regelung, über die wir auch in Österreich nachdenken sollten.

Das Kopftuch als Symbol der Unterdrückung von Frauen hindert Frauen und Mädchen in unserem Land, selbstbestimmt und frei aufwachsen und sich entwickeln zu können. Es hindert Frauen und Mädchen daran, sich in ihrer Jugend frei entfalten zu können, und zwingt sie, rund um die Uhr eine politische und religiöse Botschaft auf dem Kopf zu tragen. Auch wenn manche nun einwenden mögen, dass es nur wenige Fälle betrifft: Jeder Fall ist einer zu viel.

Der Slogan der Proteste im Iran lautet »Frau – Leben – Freiheit«.[65] Dieser Kampfruf alleine zeigt uns schon, was das Kopftuch und der Schleier für die Frauen im Iran symbolisiert. Wie kann es also sein, dass ausgerechnet linke Politikerinnen, die sich selbst an die Fahnen heften, den feministischen Kampf weiterzuführen, sich so vehement für den Erhalt des Kopftuches einsetzen? Dass ausgerechnet selbst ernannte »Feministinnen« sich nicht nur für das Kopftuch in der Öffentlichkeit einsetzen, sondern auch das Kopftuchtragen junger Mädchen in Schule und Kindergarten aufs Schärfste verteidigen? Wenn man das Kopftuch verteidigt und sich damit für eine äußerlich sichtbare Geschlechtertrennung ausspricht, kann man dann überhaupt von Feminismus sprechen? In meinen Augen nicht.

> *Jeder, der ein Symbol des politischen Islam derart vehement verteidigt, kann nicht im selben Moment von der Selbstbestimmung der Frau sprechen. Denn das Kopftuch steht im Widerspruch zur Selbstbestimmung jeder Frau.*

Und genauso steht auch in diesem Punkt falsch gelebte Toleranz im Widerspruch zu allem, was uns in unserer Heimat wichtig und heilig ist. Dass Frauen bei uns die gleichen Rechte wie Männer haben. Dass Gewalt, Hass und Hetze bei uns keinen Platz haben. Und dass ein friedliches Zusammenleben das höchste Gut unserer Gesellschaft ist.

Gleichzeitig trommeln wir für den Ausbau von Selbstverteidigungskursen für Frauen, weil Gewalttaten gegen Frauen so zugenommen haben. Wir verteilen Notrufpfeifen und Sticker mit Notrufnummern. Nicht falsch verstehen, ich begrüße das und tue es auch. Ich setze mich ebenfalls für den Ausbau von Selbstverteidigungskursen ein und erachte jede Maßnahme gegen Gewalt an Frauen als besonders wichtig. Aber uns muss klar sein, solange wir nicht gewillt sind, das Problem auch offen und ehrlich anzusprechen und zu lösen, werden wir viele weitere Jahre mit der Bekämpfung der daraus erwachsenden Folgen beschäftigt sein.

Niemals soll es darum gehen, dass Menschen, die zu uns kommen, ihre Geschichte und ihre Traditionen aufgeben müssen. Natürlich hat jeder Mensch seine Identität. Aber das Erlernen unserer Sprache, das Streben, sich selbst am Arbeitsmarkt einen Job zu finden, sich in unserer Gesellschaft einzufinden und sich an unsere Gesetze und Werte zu halten – das muss immer an oberster Stelle stehen.

Und der Staat muss auch bereit sein, das klar einzufordern. Was auch bedeutet, klare Konsequenzen zu ziehen, sobald ein Teil der Zuwanderer diese Kriterien nicht erfüllt. Warum nicht Kinder und Jugendliche, die weder Deutsch schreiben noch lesen können, obwohl sie zum Teil in Österreich geboren wurden, so lange in einer Bildungspflicht belassen, bis sie es können. Und warum nicht jenen Menschen, die unsere Sozialleistungen missbrauchen oder nicht willens sind, sich eine Arbeitsstelle zu suchen, die finanzielle Unterstützung des Staates streichen. Und warum sollten nicht die Leistungen, die der Staat einem jeden zur Verfügung stellt, im Umkehrschluss auch einen spürbaren Beitrag der zugewanderten Menschen für unsere Gesellschaft als Gegenleistung einbringen? Diese Fragen müssen wir uns nicht nur stellen, sie sollten uns auch in unserer politischen Arbeit leiten.

> *Auf keinen Fall dürfen wir unter dem Deckmantel einer falschen Toleranz zulassen, dass sich Verhaltensweisen und Lebenspraktiken bei uns festigen und immer weiter verbreiten, die kein Teil unserer Wertehaltung sind.*

Und auf keinen Fall dürfen wir aufhören, klar zu kommunizieren, an welche Regeln sich Menschen bei uns zu halten und nach welchen Werten Menschen in Österreich zu leben haben. Tun wir das dennoch, dann gefährden wir damit nicht nur das Zusammenleben und die Sicherheit in unserem Land, sondern dann gefährden wir auch unsere Demokratie.

5 | UNSERE DEMOKRATIE IST IN GEFAHR

Ich bin so stolz darauf, Österreicherin zu sein. Ich weiß, das hört man selten genug. Aber ich bin es wirklich. Jedes Mal, wenn ich in einem Formular meine Nationalität eintrage, freue ich mich, dass ich da »Österreich« hinschreiben darf. Und jedes Mal, wenn ich im Ausland nach meiner Herkunft gefragt werde, freue ich mich, dass ich voller Stolz sagen kann, ich komme aus Österreich.

Für den ein oder anderen mag das jetzt irritierend klingen, denn heutzutage sind wir es hier in Österreich nicht gewohnt, dass sich jemand so lautstark zu seiner Nationalität bekennt. Das finde ich schade. Die Zahlen zeigen nämlich, dass wir Österreicher eigentlich sehr stolz auf unser Land sind. Aus einer im Oktober 2020 durchgeführten Umfrage geht hervor, dass 81 Prozent der Befragten stolz auf Österreich sind.[66] Scheinbar behalten wir das aber eher für uns und sprechen nicht gerne darüber, und schon gar nicht über die Gründe dafür.

Blicken wir zurück in unserer Geschichte, dann sehen wir, dass dieses Verständnis einer eigenen österreichischen Nation, auf die wir stolz sind, auch etwas ist, was wir erst sehr spät entwickelt haben. Noch im Jahr 1964 besagte eine Meinungsumfrage, dass nur 47 Prozent der Österreicher den Begriff einer österreichischen Nation befürworten. 15 Prozent waren strikt gegen die Vorstellung einer eigenen österreichischen Nation und Identität.[67] Vielleicht ist auch das nach wie vor ein Grund, dass wir heute nicht immer ganz so stolz von unserem Land sprechen wollen.

Dabei würde uns ein bisschen Patriotismus nicht schaden. Wir leben immerhin in einem wunderschönen Land, das für viele Menschen auf der Welt der Hort von Träumen rund um ein besseres Leben darstellt. So sollten wir also auch stolz darauf sein, dass wir hier in Österreich leben dürfen. Geprägt durch unsere Geschichte, hat Nationalstolz jedoch für viele unter uns beinahe eine negative Färbung. Auch der Begriff »Heimat« wird höchstens in ein paar vereinzelten Wahlkämpfen verwendet, im täglichen Sprachgebrauch findet man ihn selten. Ich zähle vermutlich zu den wenigen Menschen, die auch in persönlichen Gesprächen immer wieder dafür plädieren, dass wir ruhig mehr Patriotismus und auch mehr Liebe zu unserer Heimat im Alltag wagen sollten – ohne sofort in ein rechtsextremes Eck gedrängt zu werden.

Für linke Organisationen zählt es zu ihrer politischen Agenda, immer wieder darauf zu verweisen, dass man nicht stolz auf Österreich sei. Anlässlich des Nationalfeiertages 2022 veröffentlichte die Studierendenorganisation der SPÖ ein Sujet, in dem sie verlangte, dass endlich Schluss sein müsse mit dem »Heimat-Fetisch« und dem Nationalstolz in Österreich.[68] Zwei Jahre zuvor hatte bereits die Grüne Jugend mithilfe eines geschmacklosen Sujets, auf dem Hundekot zu sehen war, dazu aufgerufen, man solle endlich aufhören »Österreich zu feiern«.[69]

Zwar kommen diese Aktionen aus dem extrem linken Lager, doch verfestigen sich ähnliche Tendenzen seit Jahren auch immer stärker im öffentlichen Diskurs – meistens wenn es um Fragen der österreichischen Identität oder Staatsbürgerschaft geht.

Unsere Staatsbürgerschaft darf kein Willkommensgeschenk sein

Seit Jahren tauchen deshalb in regelmäßigen Abständen von einzelnen Vertretern linker Parteien ausgelöste Debatten rund um eine »Vereinfachung« des Staatsbürgerschaftsrechts auf. Und genauso wie es für manche offenbar keinen Grund gibt, Österreich zu feiern, gibt es für manche auch keinen Grund, die österreichische Staatsbürgerschaft als hohes Gut zu bewahren. Und so kommt es, dass wir alle Jahre darüber diskutieren, ob es legitim sei, die Verleihung unserer Staatsbürgerschaft an gewisse Kriterien zu knüpfen.

Eine Debatte, die zu Recht emotionalisiert. Und die mich emotionalisiert, wenn ich ehrlich bin. Denn kaum etwas ist für mich so wenig nachzuvollziehen wie der Wunsch, unsere Staatsbürgerschaft einfach so zu verscherbeln. Sie wie ein x-beliebiges Dokument an Menschen zu verschenken, die womöglich bis dato kaum einen Beitrag für unser Land geleistet haben oder sich nicht mit unserem Staat identifizieren. Ich halte das nicht nur für moralisch verwerflich, sondern auch für brandgefährlich.

> *Denn unsere Staatsbürgerschaft darf niemals leichtfertig vergeben werden. Sie ist das höchste Gut, das ein Staat verleihen kann, und muss somit zwangsläufig immer am Ende eines gelungenen Integrationsprozesses stehen.*

Dabei geht es in erster Linie darum, dass die Verleihung einer Staatsbürgerschaft an konkrete Kriterien geknüpft ist, die auch überprüfbar sind. Wir stellen sicher, dass Menschen, die unsere Staatsbürgerschaft verliehen bekommen, sich selbst erhalten können, Deutsch beherrschen, gut integriert und unbescholten sind sowie bereit, ihren Beitrag für die Gesellschaft zu leisten.

Würden wir einen Automatismus einführen, wie ihn linke Parteien in Österreich fordern, würden wir nämlich genau diese Überprüfbarkeit, an wen wir die Staatsbürgerschaft verleihen, aushebeln.[70] Was würde das in der Praxis bedeuten? Menschen, die nach Österreich kommen, würden hier nach Ablauf einer gewissen Zeit, zum Beispiel nach fünf Jahren, automatisch die Staatsbürgerschaft erhalten – ohne dass die österreichische Verwaltung überprüfen könnte, ob sie Deutsch sprechen, ob sie integriert sind, ob sie bereit sind, sich am Arbeitsmarkt zu integrieren, geschweige denn sich mit unserem österreichischen Staat und unseren Werten zu identifizieren.

Damit hängt auch unweigerlich die Debatte rund um die Einführung eines Ausländerwahlrechts zusammen. Das Wahlrecht ist ein Staatsbürgerschaftsrecht. Nur österreichische Staatsbürger können und sollen darüber entscheiden können, wie sich politische Verhältnisse in unserem Land zusammensetzen. Vertreter linker Parteien argumentieren regelmäßig, dass genau diese Regelung unsere Demokratie in Gefahr bringe. Denn es sei unverhältnismäßig, dass so viele Menschen in unserem Land nicht mitbestimmen können. Durch die stetige Zuwanderung, mit der sich Österreich seit vielen Jahren konfrontiert sieht, steigen diese Zahlen bekanntlich jährlich, und damit auch die Summe der Menschen, die nicht mitbestimmen dürfen.

Ich gebe den Vertretern dieses Standpunkts in einer Hinsicht recht. Unsere Demokratie ist tatsächlich in Gefahr. Aber nicht aufgrund der Tatsache, dass ausschließlich österreichische Staatsbürger wählen können.

Unsere Demokratie ist in Gefahr, weil eben jene linken Parteien immer wieder nach einer Aufweichung des Staatsbürgerschaftsrechts und der Einführung eines Ausländerwahlrechts streben.

Denn was würde das für unsere Demokratie bedeuten, wenn wir nicht mehr sicherstellen können, dass Menschen, die hier politisch mitbestimmen, unsere Werte teilen? Wenn wir nicht mehr sicherstellen können, dass Menschen, die die österreichische Staatsbürgerschaft erhalten, tatsächlich an die Gleichberechtigung von Mann und Frau glauben? Wenn wir nicht mehr sicherstellen können, dass Menschen, die das höchste Rechtsgut unseres Staates verliehen bekommen, nicht ausreichend Deutsch sprechen und womöglich auch Jahre später nicht am Arbeitsmarkt partizipieren und ausschließlich Mittel aus unserem Sozialsystem beziehen? Wenn wir nicht mehr sicherstellen, dass Menschen, die die österreichische Staatsbürgerschaft haben, ihre Kinder im Glauben an eben diese Werte erziehen, die unser Land seit hunderten Jahren ausmachen?

Seit der Aufklärung im 18. Jahrhundert kämpfen wir für Freiheit, gegen Vorurteile, für religiöse Toleranz und in weiterer Folge für die Gleichberechtigung von Mann und Frau. Und wir wollen diese Werte leichtfertig aufs Spiel setzen?

Unser Glaube an Religions-, Presse- und Meinungsfreiheit und die Verteidigung dieser Errungenschaften unserer Gesellschaft sind die fundamentalen Säulen unserer Demokratie.

Jegliche Einführung einer »Express-Staatsbürgerschaft« würde zwangsläufig eine Abkehr von diesen Werten bedeuten und eine Entwertung unserer Staatsbürgerschaft darstellen.

Das ist in jeder Hinsicht abzulehnen.

Zu verlangen, dass Menschen, die die österreichische Staatsbürgerschaft erhalten möchten, sich mit Österreich auch identifizieren, scheint in manchen politischen Kreisen fast schon eine Anmaßung zu sein. Doch worum geht es uns denn da in Wirklichkeit? Was macht unsere österreichische Identität aus? Ist es die Tracht, sind es die Lipizzaner? Oder sind es Falco und das Schnitzel? Sind es unsere Berge und schönen Landschaften? Es ist alles davon und natürlich noch viel mehr. Vor allem sind es gemeinsame Werte und ein gemeinsames Verständnis unseres Zusammenlebens, die uns prägen. Ein gemeinsames Verständnis davon, was unsere Kultur ausmacht – geprägt durch Geschichte, Tradition und auch Religion. Unsere Identität ist unglaublich vielschichtig und reicht von unseren Landeshymnen über die Pummerin im Stephansdom bis hin zum Skifahren als Nationalsport und noch vielem mehr. Und jeder Österreicher, jede Österreicherin trägt etwas davon in sich, was ihre Identität ausmacht. Deshalb sollten alle Menschen, die offiziell Österreicher werden wollen, ebenfalls etwas davon, wenn schon nicht in sich tragen, so doch zumindest verstehen.

Auch die französische Philosophin Corine Pelluchon spricht davon, »bevor die Staatsbürgerschaft bestimmte Rechte verleiht, setzt sie voraus, dass man eine mehr oder weniger klare Vorstellung vom Gemeinwohl besitzt, das den Geist einer Gemeinschaft, ihre politische Identität und ihre Verfassung (…) prägt.«[71]

Einzufordern, dass diese politische Identität verstanden und mitgetragen werden soll, das ist auf keinen Fall zu viel verlangt. Das bedeutet auch nicht, dass Österreich sich damit zum »exklusiven Klub«[72] macht, sondern lediglich, dass eine Nation für sich selbst einsteht und dafür Sorge trägt, dass die eigene Identität sich trotz veränderter Umstände weiterhin erhält. Und das ist etwas Positives.

> *Egal, was linke Parteien daran zu kritisieren haben, auf sein Land, seine Geschichte und seine Identität stolz zu sein, ist etwas Gutes. Etwas Erstrebenswertes und Bewahrenswertes.*

Stolz auf sein Land sein bedeutet noch lange nicht, die eigene Nation über eine andere zu stellen, was in meinen Augen strikt abzulehnen ist.

Dieses Bewahren gestaltet sich allerdings nicht immer ganz leicht. Die Argumentation linker Parteien trägt insbesondere in diesen Fragen in der veröffentlichen Meinung immer deutlicher Früchte. Immer öfter findet sich das Narrativ, unsere Demokratie sei in Gefahr, in Kommentaren, Analysen und veröffentlichen Debatten wieder. Dabei zählen gerade Fragen der Staatsbürgerschaft und auch der Identität zu jenen Bereichen, zu denen es in der österreichischen Bevölkerung eine sehr klare Meinung gibt. Und diese weicht in vielen Punkten ganz massiv von dem ab, was uns in der Öffentlichkeit oft erzählt wird. Nicht nur eine Umfrage aus den letzten Jahren zeigt, dass es eine klare Mehrheit gegen jede Aufweichung des österreichischen Staatsbürgerschaftsrechts gibt.[73] Wie kommt es dann, dass die Debatte alle paar Monate aufs Neue aufflammt und von so vielen Meinungsmachern und Medienvertretern kräftig mittransportiert wird?

Eine Elite diskutiert mit sich selbst

Zum einen liegt es an der Überzeugung linker Parteien, damit ihr Stimmenpotenzial nachhaltig zu maximieren. Und zum anderen sind die eingangs bereits erwähnten Politblasen, in denen Diskussionen heutzutage stattfinden, dafür verantwortlich. Blasen, in denen sich politische wie auch Medienvertreter und einzelne Meinungsmacher gegenseitig bespielen und ihre Argumente abgleichen – völlig losgelöst von dem, was in der Bevölkerung darüber gedacht wird, oder wie sich dort die Stimmung verhält. Richard David Precht spricht in diesem Zusammenhang von einem »Elitendiskurs«, der in der Folge zu einer »Repräsentationslücke« in der Bevölkerung führt. Diese Blasen repräsentieren nicht mehr das, wofür die Bevölkerung steht, und auch nicht, wie sie zu Themen steht. Zum Teil repräsentieren sie sogar das Gegenteil. Precht spricht davon, dass diese sogenannten »Eliten« ihre Meinung als derart verfestigt betrachten, dass jede abweichende Meinung, die aus der Zivilgesellschaft kommen könnte, sofort abgewertet oder durch eine hohe Anzahl an Artikel oder Sendungen mit Gegenpositionierungen delegitimiert wird.[74] Eine Aussage, die vermutlich viele von uns unterschreiben würden.

In jedem Fall aber eine Entwicklung, die uns Sorgen bereiten sollte. Denn wenn Diskurse nur noch zwischen Eliten stattfinden und sich die Bevölkerung immer weiter davon zurückzieht, für wen gibt es dann diese Diskurse? Sollten öffentliche Debatten nicht dem Zweck dienen, die Mehrheitsmeinung unter Abwägung unterschiedlicher Argumente zu ergründen und einen Konsens zu einzelnen Themen anzupeilen? Zwar in dem Wissen, dass es auch immer abweichende Meinungen gibt, die ihre Berechtigung haben, aber doch mit dem klaren Fokus auf die Position der Mehrheit?

Ist das denn nicht ein entscheidender Bestandteil einer Demokratie? Wenn es diese Diskurse gar nicht mehr oder nur noch einseitig gibt, dann bedeutet das auch ein ungeheures Defizit für unsere Demokratie.

Diese »Elitendiskurse« finden ihren Höhepunkt in wiederkehrenden und zum Teil absurden Debatten. Zwei Beispiele möchte ich dafür im Folgenden herausgreifen.

Im Sommer 2022 entbrannte eine hoch emotionale Debatte rund um »kulturelle Aneignung« und Rassismus in den von Karl May verfassten Winnetou-Büchern und deren Verfilmungen. Der Ausgangspunkt dafür war die Entscheidung des Ravensburger Verlages, entsprechende Bücher aus dem Verkauf zu nehmen, da der Verlag erkannt hätte, damit die »Gefühle anderer verletzt« zu haben.[75] Nach und nach entstand dadurch auch in TV-Sendern sowohl in Deutschland als auch in Österreich eine Debatte darüber, ob man die Winnetou-Filme überhaupt noch zeigen könne und wolle.

Auch ich bin dafür, Literatur und Kunst immer in einem zeithistorischen und durchaus kritischen Kontext zu betrachten. Aber das Werk von Karl May, das immerhin in seiner Epoche und auch danach wesentlicher Bestandteil der deutschsprachigen literarischen Szene war, zum Sinnbild für Rassismus zu erklären, halte ich für entbehrlich. Es beweist einmal mehr die Verbotskultur linker Meinungseliten, die sich in vielen Diskursen immer stärker abzeichnet. Zu versuchen einen Bestandteil unserer Identität und Tradition zu verbannen, wird nicht zu verstärkter Aufklärung und schon gar nicht zu mehr Zusammenhalt in der Gesellschaft führen. Ganz im Gegenteil. Das ständige Sich-Empören und Hochstilisieren von radikalen Betrachtungsweisen wird am Ende nur dazu führen, dass sich alle in ihrer Meinung in eine Extremposition zurückziehen und politisch davon nur die Ränder profitieren – sowohl von links als auch von rechts.

Und es ist darüber hinaus auch keine ehrliche, sondern eine ziemlich verlogene Debatte.

Ähnlich verlogen gestaltete sich die Diskussion rund um die Fußball-WM in Katar 2022. Natürlich konnte man die Austragung der Weltmeisterschaft in Katar kritisieren. Es gäbe einige Gründe, die dafür gesprochen hätten, die Weltmeisterschaft an einem anderen Ort auszurichten. Und das sowohl aus Sicht des Sports als auch aus politischen Gründen – vor allem da Katar als entscheidendes Zentrum der islamistischen Muslimbruderschaft immer wieder im Verdacht steht, Moscheegemeinden und muslimische Vereine auch in Europa zu finanzieren.[76]

Die Entscheidung, die WM dort auszurichten, wurde allerdings bereits 2010 getroffen. Darüber hinaus waren es überwiegend die gleichen Kritiker, die sich über die WM in Katar empörten und zum Boykott aufriefen, die bei jeglicher Debatte über Islamismus in Österreich und in anderen europäischen Ländern gerne wegschauen. Die auch bei jedem Anlassfall rund um den politischen Islam sofort von Rassismus und Islamfeindlichkeit sprechen. So wie also jeder seine politische Einstellung anhand der WM in Katar äußern und sich empören darf, wäre es doch wünschenswert, wenn jene Kritiker genauso besorgt um Auswüchse des politischen Islam in Europa wären. Indem man sich zum Beispiel über Praktiken in islamischen Kindergärten in Wien empören würde. Oder über radikal islamische Inhalte, die in Häusern der Millî-Görüş-Bewegung transportiert werden.[77]

Wir sehen also, dass wir auf der einen Seite »Elitendiskurse« erleben, deren einziges Ziel es ist, die Herrschaftsgewalt über politische Korrektheit zu erlangen – wie im Fall von Winnetou. Und auf der anderen Seite sehen wir, dass es Debatten über Moral und Anstand gibt, denen nur dann viel Raum gegeben wird, wenn sie in eine gewisse politische Agenda passen – wie im Fall der WM in Katar. Unterm Strich geht es in beiden Fällen jedoch lediglich um den Schlagabtausch einzelner Meinungseliten. Und fast scheint es so, als ob der veröffentlichte Diskurs nur noch auf der Empörung einiger weniger basierte.

Dass solche »Elitendiskurse« in der Öffentlichkeit so viel Aufmerksamkeit bekommen, liegt mit Sicherheit nicht daran, dass es tatsächlich Themen sind, die die Bevölkerung bewegen. Woran aber liegt es sonst? Daran, dass das Diskutieren von »Politischer Korrektheit« einfach in Mode ist? Oder daran, dass die Mehrheit der Journalisten sich politisch als eher »links« einordnet und Grün wählt?[78] Oder liegt es daran, dass sich mediale Diskussionen mittlerweile enthemmter entwickeln, und damit die Meinung von einzelnen Akteuren mehr Gewicht bekommt? In jedem Fall sind es keine Diskurse, die tatsächlich die Meinung in der Bevölkerung abbilden. Sie dienen eher dem Beeinflussen der öffentlichen Meinung und widersprechen in der totalitären Dynamik, in der sie geführt werden, dem ursprünglichen Verständnis von Meinungsfreiheit.

Linke Parteien bemühen spätestens seit Tony Blairs Erfolg mit der Labour Party Ende der 1990er-Jahre immer wieder die Phrase »For the many, not the few« und beanspruchen so für sich, für die breite Masse der Bevölkerung zu sprechen und auch Politik zu machen. Vor allem Jeremy Corbyn forcierte diesen Kampfruf in den letzten Jahren für die sozialistische Linke.[79] Spätestens die Elitendiskurse der vergangenen Monate und Jahre zeigen uns, dass diese Zielsetzung mehr als verfehlt wurde. Statt darüber zu diskutieren, wie wir Leistung belohnen, wie wir die Schaffung von Eigentum wieder ermöglichen oder wie wir unseren Standort stärken können, führt eine kleine Gruppe an Personen einen Diskurs ausschließlich für sich selbst und empört sich über jeden, der diesem widerspricht oder daraus ausbricht.

> *Da geht es nicht darum, die Stimme der vielen zu sein, sondern lediglich um die elitäre Einzelmeinung von wenigen.*

Dieses falsche Verständnis von Meinungsfreiheit und Diskurs findet sich aber nicht nur in der medialen Auseinandersetzung wieder. Auch in vielen anderen Bereichen des Lebens merken wir, wie ein kritisches Hinterfragen, das Einnehmen einer Gegenposition oder das Vertreten eines unpopulären Standpunktes nicht mehr gewünscht ist. Das zeigt sich nicht nur in persönlichen Gesprächen, in scheinbar unpolitischen Unterhaltungssendungen im Fernsehen oder in vielen anderen Sphären des öffentlichen Lebens. Wir merken es auch in der Wissenschaft. »Die Wissenschaft und ihre Lehre ist frei.«, prangt direkt beim Eingang des Neuen Institutsgebäudes der Universität Wien. Ursprünglich stammt der Satz aus dem Staatsgrundgesetz aus dem Jahr 1867.[80] Ein Grundsatz, an dem sich die Wissenschaft eigentlich seit hunderten von Jahren zu orientieren hat. Doch schon in meinem Studium vor ein paar Jahren merkte ich, dass auch das nur mit einer gewissen politischen Perspektive funktioniert.

Sosehr ich mein Studium genossen habe, so wussten wir doch alle bei uns am Institut, dass wir nur dann erfolgreich sind, wenn wir einer gewissen politischen Linie in unseren Texten und Forschungsarbeiten entsprechen. In den Anfängen meines Anthropologiestudiums machte ich einmal den Fehler, dieser Linie in einem Satz im Fazit meiner Seminararbeit zu widersprechen, und bekam dafür schnell die Rechnung geliefert. Ich erhielt nicht nur eine schlechte Note auf die Arbeit, sondern mein Text wurde auch vor der ganzen

Seminargruppe als Negativbeispiel vorgelesen – allerdings nicht, weil er inhaltlich falsch gewesen wäre, sondern weil »man das bei uns am Institut so einfach nicht sagen« könne und es politisch nicht korrekt sei.

Meine Annahme, dass das genau die Aufgabe der Wissenschaft sei, Dinge kritisch zu hinterfragen, war in diesem Fall wohl falsch und nicht allzu zielführend. Auch in Sachen Gendern erleben wir gerade an den Universitäten immer wieder, wie dieser Umstand beinahe zur Glaubensfrage gemacht wird. Nicht falsch verstehen, ich habe überhaupt nichts gegen das Gendern. Ich gendere zum Teil selber, immer dann, wenn ich es für richtig erachte. Aber Studenten und Studentinnen schlechtere Noten zu geben, weil sie nicht die richtige Form oder Schreibweise beim Gendern verwenden, halte ich für völlig übertrieben. Auf meiner Uni war das allerdings gang und gäbe.

Solch ein Fehler, wie oben beschrieben, passierte mir übrigens kein zweites Mal. Ab jenem Zeitpunkt hielt ich die politische Linie meines jeweiligen Instituts immer brav ein und kam so auch erfolgreich durch mein Studium. Ob das meine wissenschaftliche Arbeit jedoch am Ende inhaltlich bereichert hat, sei dahingestellt.

Der Kampf gegen Extremismus und unser Versagen im Netz

Während wir auf der einen Seite ein stärkeres Bekenntnis zu Meinungsfreiheit brauchen, müssen wir uns auf der anderen Seite klar von allen extremistischen Ideologien und Strömungen abgrenzen und diesen auch konsequent Einhalt gebieten – sowohl online als auch offline. Denn was unsere

Demokratie in einem nicht zu unterschätzenden Ausmaß gefährdet, ist die stetig steigende Aggression, mit der Diskurse mittlerweile geführt werden. Das eine bedingt hier zum Teil natürlich das andere. Durch die oben erwähnte »Repräsentationslücke« fühlen sich Menschen von öffentlichen Diskussionen immer weiter abgeschnitten und ziehen sich in ihre eigenen Echokammern zurück. Dort laden sie sich oft wohl weiter mit Extrempositionen auf und können nur noch schwer mit gegenteiligen Meinungen umgehen. Ein perfekter Spielplatz dafür sind soziale Medien. Dort wechseln einander Hass, extremistische Strömungen aus unterschiedlichen Richtungen und das Aufrufen zu Gewalt in immer höheren Frequenzen ab. Postings, die spalten, führen oft zu besonders vielen Reaktionen, und das wird wiederum vom Algorithmus durch noch mehr Aufmerksamkeit belohnt.[81]

Vor allem im Zuge der Corona-Krise erreichte die Entwicklung rund um diesen Hass im Netz völlig neue Dimensionen. Verschwörungstheorien, Fake News, Angriffe gegen Ärzte und Impfbefürworter – all das wurde während der Corona-Pandemie mehr und mehr zum Alltag in sozialen Netzwerken. Einen traurigen Höhepunkt erreichte die Debatte durch den tragischen Selbstmord der Ärztin Lisa-Maria Kellermayr. Nachdem sie offenbar monatelang im Netz bedroht worden sein und Hassnachrichten erhalten haben soll, nahm sie sich im August 2022 schlussendlich das Leben.[82]

Ein sehr erschütterndes Beispiel dafür, welche Folgen Hass und Extremismus im Netz – aber nicht nur – nach sich ziehen können. Und ein klares Zeichen dafür, dass wir auch online für Rechtssicherheit sorgen müssen. Eine Staatsanwaltschaft gegen Hass im Netz wäre das Mindeste, was hier Abhilfe schaffen müsste. Eine Staatsanwaltschaft, die mit eigens geschulten Experten dafür Sorge trägt, dass auch das Internet kein rechtsfreier Raum ist.

Dabei geht es nicht einfach nur darum, einzelne Hasspostings zu verhindern, sondern es geht darum, welches Zeichen wir als Gesellschaft setzen, wie ernst uns der Kampf gegen jede Form von Hass und Extremismus ist. Egal, ob von rechts oder links oder auch von islamistischer Seite, Hass, der online ungefiltert ausgeschüttet wird und den Diskurs online bestimmt, ist nicht nur zu verurteilen, sondern auch entschieden zu bekämpfen.

Das gilt aber natürlich auch für jeden anderen Bereich des Lebens. Und obwohl sich viele in ihren »Elitendiskursen« selbst auf die Fahnen heften, zu mehr Aufklärung, zu einer differenzierten Betrachtung und zu mehr Offenheit beizutragen, beobachten wir in der Realität oft das Gegenteil. Hass und Extremismus finden an den politischen Rändern immer stärkeren Zulauf. Das zeigt sich auch in der erschreckend hohen Zahl an Hassverbrechen, die wir verzeichnen.

2021 wurden in Österreich 5.464 vorurteilsmotivierte Straftaten, also sogenannte Hassverbrechen, erfasst. Die meisten dieser Straftaten wurden in den Bundesländern Wien, Salzburg und Oberösterreich verzeichnet. Hintergründe der Taten sind meist die Weltanschauung, Herkunft, Religion, Hautfarbe, sexuelle Orientierung, Geschlecht oder sozialer Status. Dabei wurden im Online-Bereich vor allem viele antisemitisch motivierte Hassverbrechen verzeichnet. Der Hass gegen Christen wiederum äußert sich meist in Angriffen auf Kirchen und andere Sakralstätten, zum Beispiel durch Sachbeschädigungen und Beschmierungen.[83]

Jedes Mal, wenn ich diese Zahlen sehe, frage ich mich, wie es sein kann, dass wir in Österreich offensichtlich nach wie vor Probleme mit extremistischem Gedankengut haben. Für die Politik bedeutet das jedenfalls, dass es die Anstrengungen im Kampf gegen Extremismus, die es zweifellos vor allem in den letzten Jahren gab, noch weiter zu intensivieren gilt. Jegliche Form des Extremismus, egal ob von rechts, links oder welcher Seite auch immer, gilt es beharrlich zu ahnden und zu bekämpfen. Dass wir in Österreich nicht von gefährlichen extremistischen Strömungen, die schlussendlich in Gewaltakten münden, verschont sind, zeigte uns spätestens der tragische Terroranschlag in Wien im November 2020.

Seither haben vor allem die Krisen der letzten Zeit einen weiteren Nährboden für extremistische und vor allem auch antisemitische Strömungen geschaffen. Die Zahlen sprechen hier leider eine traurige, aber klare Sprache. 2021 wurden der Antisemitismus-Meldestelle der Israelitischen Kultusgemeinde Wien 965 antisemitische Vorfälle gemeldet, was einen explosionsartigen Anstieg im Vergleich zu den Vorjahren darstellt. 2020 verzeichnete die IKG noch um 60 Prozent weniger Vorfälle. Das stellt die höchste erfasste Anzahl antisemitischer Vorfälle seit Beginn der Dokumentation vor 20 Jahren dar.[84] Die Angriffe kommen dabei sowohl aus dem rechtsextremen und linksextremen als auch aus dem islamistischen Milieu.[85]

Auch eine neue antisemitische und als rechtsextrem eingestufte Bewegung ist in Österreich seit einiger Zeit auf dem Vormarsch – die sogenannte Anastasia-Bewegung. Diese sektenähnliche Gruppe beruht auf den esoterischen Schriften des russischen Schriftstellers und Unternehmers Wladimir Megre, der dazu aufruft, dem »technokratischen Leben« durch eine besonders nachhaltige Lebensweise zu entkommen. Was auf den ersten Blick wie eine neue harmlose Öko-Gruppierung aussehen mag, ist in Wirklichkeit eine extremistische Bewegung, die von antisemitischen Verschwörungstheorien getragen wird. In Österreich ist diese Bewegung seit 2012 vertreten und hat sich in den letzten Jahren vor allem im Südburgenland angesiedelt.[86]

Die Krisen und damit verbundenen Sorgen der Menschen der letzten Jahre treiben sie offenbar zum Teil auch in die Hände von radikalen politischen Strömungen. Unabhängig aus welcher Richtung der Hass und extremistische Strömungen jedoch kommen, wir müssen sie genau beobachten und konsequent dagegen ankämpfen. Sei es, indem wir Vereine und Institutionen, die wir mit staatlichem Geld fördern, gründlich auf ihre Inhalte überprüfen und genau beobachten, was sie tun. Oder indem wir dafür Sorge tragen, dass Extremisten oder potenziell gefährdende Personen sich nicht mehr einfach frei in öffentlichen Einrichtungen bewegen können.

Denn laut der Direktion Staatsschutz und Nachrichtendienst gibt es in Österreich mittlerweile eine hohe Anzahl an Gefährdern – und zwar im »hohen zweistelligen Bereich«. Diese Gefährder kommen aus unterschiedlichen politischen Richtungen. Auch unter Klimaaktivisten soll es eine steigende Radikalisierung geben. Radikalisierte Islamisten würden vor allem im Internet in Kleingruppen immer wieder zusammenkommen. Gleichzeitig sind die Möglichkeiten, solche Gefährder zu beobachten, sowohl technisch als auch gesetzlich nach wie vor begrenzt.[87] Umso wichtiger, dass wir versuchen auf beiden Ebenen mit Tatverdächtigen und möglichen Terroristen Schritt zu halten. Das bedeutet nicht nur, die technischen Möglichkeiten auf Seiten des Staates aufzustocken, eben, wie bereits erwähnt, im Falle einer eigenen Staatsanwaltschaft, die auf Hass und Extremismus im Netz sowie auf Cyberkriminalität spezialisiert ist. Sondern wir müssen auch die internationale Vernetzung vorantreiben und dafür Sorge tragen, dass wir Gefährder besser im Blick behalten können, um zu wissen, wo sich diese Menschen aufhalten. Eine Möglichkeit dafür wäre der Aufbau einer Gefährderdatei, wie sie in der Vergangenheit auch in anderen europäischen Staaten immer wieder diskutiert wurde. Darunter ist eine Übersicht aller Gefährder zu verstehen, sowohl aus dem rechts- wie aus dem linksextremen und islamistischen Milieu, mit deren Hilfe mögliche Verdächtige konkret in ihren Aktivitäten beobachtet werden. Enthalten sollte eine solche Datei alle Personen, die bereits durch mehrfache

Vorfälle und Angriffe, unter anderem gegen Polizeibeamte, aufgefallen sind. Solch eine Gefährderdatei braucht es nicht nur in Österreich, sondern auch auf europäischer Ebene. Immerhin wissen wir, dass extremistische Strömungen nicht vor der Landesgrenze Halt machen.

Darüber hinaus müssen wir auch die Deradikalisierung Jugendlicher noch stärker in den Fokus rücken, da wir sehen, dass eine Vielzahl dieser radikalisierten Gefährder Minderjährige sind.[88]

Mut zur Meinungsfreiheit, aber Stopp dem Extremismus

Eines ist bei diesen Überlegungen festzuhalten: Wir müssen eine klare Grenze bei jeglicher Form des Extremismus ziehen. Und das vor allem im Netz, wo ein großer Teil unserer öffentlichen Diskurse mittlerweile stattfindet. Dabei darf es auch keine Ausreden geben, weder politische noch technische.

Gleichzeitig dürfen wir jedoch nicht dazu übergehen, das Kind mit dem Bade auszuschütten und auch noch das freie Denken zu verbieten. Mehr Mut zur Meinungsfreiheit muss der Grundsatz sein.

> *Denn wenn wir es nicht schaffen, Dinge kritisch und auf sachlicher Ebene zu hinterfragen, dann werden wir am Ende immer nur eines verhindern: Veränderung und Fortschritt.*

Fangen wir zum Beispiel an, Denkmäler für historisch umstrittene Persönlichkeiten zu entfernen, wie das Karl-Lueger-Denkmal in Wien, verhindern wir die kritische Auseinandersetzung mit seiner Geschichte. Sollten wir aus deren Geschichte lernen und die Kritik an ihnen zum Anlass nehmen, unser eigenes Handeln und Denken jeden Tag aufs Neue zu hinterfragen? Ja, auf jeden Fall. Das gilt für viele Denkmäler, Persönlichkeiten und Kulturprodukte, wie Bücher und Filme. Sie aus unserer Geschichte zu verbannen, ist jedoch keine Lösung, und es ist nichts, was wir zulassen sollten. Unsere kritische Haltung der eigenen Geschichte gegenüber können und sollten wir dennoch immer in jede Diskussion mit einbringen.

Genauso wenig sollten wir zulassen, dass der Diskurs einzelner Meinungseliten weiterhin die Öffentlichkeit bestimmt. Und bestimmt, was wir gesellschaftlich als auch politisch diskutieren. Und schon gar nicht sollten wir anhand des Diskurses einzelner Eliten Politik machen. Das gilt übrigens nicht nur für Österreich.

Die Pläne der deutschen Ampelkoalition sind das beste Beispiel dafür, was geschieht, wenn linke Parteien ihre Vorstellungen ohne Kompromisse umsetzen wollen – völlig losgelöst von dem, was die Bevölkerung sich wünscht oder braucht. Die deutsche Regierung plant die Staatsbürgerschaft bereits nach fünf Jahren, in bestimmten Fällen sogar schon nach drei Jahren zu verleihen.[89] Die Signalwirkung, die Deutschland damit aussendet, ist für ganz Europa fatal. Unter dem Deckmantel eines Pseudofortschritts werden da folgenreiche Maßnahmen beschlossen, die weit über die deutschen Landesgrenzen eine Botschaft für den ganzen europäischen Kontinent aussenden – nämlich: »Unsere Arme sind offen.« Das sind sie jedoch nicht, zumindest sollten sie das nicht sein.

Auch nicht bei uns in Österreich. Doch inmitten einer

der größten Flüchtlingskrisen seit Jahren, in deren Rahmen wir in Österreich mehr Asylanträge verzeichnen als im Jahr 2015, startet die SPÖ einen neuen Anlauf zur Entwertung der Staatsbürgerschaft. Während wir somit aufs Neue erkennen müssen, dass unsere Außengrenzen nicht funktionieren, dass Schlepper weiterhin ungehindert Menschen nach Europa schleusen, gibt es linke Politiker in Österreich, die darüber diskutieren möchten, wie wir Menschen als Willkommensgeschenk eine Staatsbürgerschaft obendrauf geben – und das getragen von vielen Meinungsmachern im ganzen Land. Wenn das nicht realitätsfremd und gefährlich ist, was ist es dann?

das zeigt sich in einem Aspekt ganz besonders: den Millionen Flüchtlingen, die sich Jahr für Jahr auf den Weg nach Europa machen, um hier ein besseres Leben zu suchen. Denn insbesondere unser Asylsystem ist auch heute noch massiv von den Auswirkungen des Kolonialismus betroffen.

Ursache dafür sind nicht nur ethnische Konflikte, die durch willkürliche nationalstaatliche Grenzen ausgelöst wurden, sondern in erster Linie auch die wirtschaftliche Schwäche vieler Staaten. Zu einem überwiegenden Teil sind die Armut und die großen Wohlstandsunterschiede in vielen afrikanischen Staaten nach wie vor eine Folge der europäischen Fremdherrschaft. Die Hochphase der Unabhängigkeitserklärungen vieler dieser Staaten fiel in die 1960er-Jahre, in eine Phase des wirtschaftlichen Booms, als die Nachfrage nach Rohstoffen aus Afrika besonders groß war. Umso mehr setzten viele ehemalige Kolonialstaaten genau auf diese Rohstoffe und richteten ihre Ökonomie danach aus. Doch schon die Ölkrise in den 70er-Jahren des vorigen Jahrhunderts veränderte alles und führte zum Niedergang der globalen Wirtschaft. Dabei wurden besonders afrikanische Staaten schwer getroffen. Die Nachfrage nach Rohstoffen nahm innerhalb kürzester Zeit stark ab.[94]

Viele ehemalige Kolonialmächte mischten sich auch noch Jahre und Jahrzehnte später sowohl politisch als auch wirtschaftlich stark in ihre früheren Kolonien ein. Ein Beispiel dafür ist der Kongo, der als erster afrikanischer Staat im Kalten Krieg in das Tauziehen zwischen den USA und den UdSSR verwickelt wurde. Der Kongo ist nicht nur ein strategisch günstig gelegenes Land inmitten Zentralafrikas, sondern verfügt auch über entscheidende Rohstoffe für die Waffenproduktion. So begann 1960 eine Reihe von politischen Verwicklungen den Kongo innenpolitisch zu erschüttern – und das unter intensiver Mitwirkung der ehemaligen belgischen Kolonialmacht –, die schließlich in der Ermordung des ersten demokratisch gewählten Ministerpräsidenten des Kongo, Patrice Lumumba, gipfelten.[95] Solche und andere politische Vorfälle erschwerten in der Folge den wirtschaftlichen Aufbau des Landes – und das nicht nur im Kongo.

Obwohl sich die Situation in den letzten Jahren für viele afrikanische Länder wirtschaftlich wieder massiv verbessert hat, gibt es einige Staaten, die nach wie vor in einem Teufelskreis stecken und noch immer stark abhängig von ihren ehemaligen Kolonialmächten sind. Die zum Teil nach wie vor schwachen Volkswirtschaften in West- und Zentralafrika schlossen beispielsweise Verträge mit Frankreich ab, in denen sie sich verpflichteten, ihre Rohstoffe weiter unter Weltmarktpreisen an Frankreich zu verkaufen. Unter anderem heißt es in einem Vertrag mit der Republik Gabun: »Die Republik Gabun verpflichtet sich, der französischen Armee strategische und rüstungsrelevante Rohstoffe zur Verfügung zu stellen. Der Export dieser Rohstoffe in andere Staaten ist aus strategischen Gründen nicht erlaubt.« Frankreich sicherte also seinen ehemaligen Kolonien zwar einerseits die Freiheit zu, allerdings nicht ohne die Privilegien der Grande Nation dabei nachhaltig zu schützen.

Wortidente Verträge gibt es mit einer Reihe anderer Staaten. Bei den Rohstoffen handelt es sich hauptsächlich um Erdöl, Gas und Kohle sowie Uran, Thorium, Lithium und Beryllium. All diese Rohstoffe werden weit unter Weltmarktpreisen an Frankreich verkauft. Absurde Ausmaße bekommt diese Praxis unter anderem in Ländern wie Niger – eines der ärmsten Länder der Welt. Dort fördert der staatlich-französische Industriekonzern genug Uran, um damit ca. 40 Prozent des gesamten französischen Bedarfs zu decken. Doch Frankreich zahlt dafür nur rund ein Drittel des üblichen Preises. Und dieses Prinzip gilt tatsächlich in allen betroffenen Staaten.

Es ist allerdings nicht die einzige Form der nach wie vor

aufrechten Ausbeutung der ehemaligen Kolonialstaaten. Der zentrale Hebel der Kontrolle Frankreichs ist die Währung der französischen Kolonien – der Franc CFA. Franc CFA steht für »Colonies françaises d'Afrique« und bedeutet übersetzt: »Franc der französischen Kolonien in Afrika«. Diese Währung wird nach wie vor von acht Staaten Westafrikas und sechs Staaten Zentralafrikas verwendet.[96] Sie wurde mittlerweile sowohl in West- als auch in Zentralafrika umbenannt in »Franc de la Communauté financière africaine« (»Franc der afrikanischen Finanzgemeinschaft«) und »Franc de la Coopération financière en Afrique centrale« (»Franc der finanziellen Zusammenarbeit in Zentralafrika«). Die Abhängigkeit zu Frankreich und Europa besteht jedoch nach wie vor.[97] Zwar kündigte die französische Regierung an, den Franc CFA bis 2027 durch eine neue Währung, den »ECO«, abzulösen, doch auch hier würde eine weitere Abhängigkeit zum Euro bestehen bleiben.[98]

Ehemalige Kolonialmächte wie Frankreich profitieren also auch heute noch von ihren früheren Kolonien. Und obwohl erst kürzlich Emmanuel Macron versprach, die Abhängigkeit der afrikanischen Ex-Kolonialmächte zu reduzieren und mehr auf eine gleichberechtigte Partnerschaft zu setzen, versucht Frankreich dennoch seine wirtschaftlichen Vorteile weiter zu wahren, und so leiden viele Länder bis heute unter diesem Umstand und schaffen es dadurch nur schwer, sich ihre eigene wirtschaftliche Unabhängigkeit aufzubauen.[99] [100]

Die Folgen dieser wirtschaftlichen Abhängigkeit sind nicht nur eine massiv gehemmte ökonomische Entwicklung, sondern damit verbunden auch eine Massenmigration aus vielen Teilen der frankophonen Staaten Afrikas. Da die Menschen vor Ort sich keinen Wohlstand aufbauen können, ist es nur logisch und nachvollziehbar, dass sie sich auf den Weg nach Europa machen, um hier ein besseres Leben zu beginnen. Das allerdings kann nicht das Ziel sein.

Hier besteht nicht nur ein Zusammenhang mit Frankreich als ehemaliger Kolonialmacht, sondern auch mit vielen anderen europäischen Staaten. Wir sehen Ähnliches im Falle von Indien und Pakistan, die lange Zeit unter britischer Kolonialherrschaft waren und heute eine besonders hohe Anzahl an Asylanträgen in der Europäischen Union verzeichnen. Wir sehen es auch in Tunesien, Marokko, Bangladesch und vielen anderen Staaten. Natürlich lassen sich nicht alle politischen Entwicklungen und wirtschaftlichen Herausforderungen in diesen Ländern auf den Kolonialismus zurückführen. Doch sind alle diese Staaten stark durch eine koloniale Geschichte geprägt, die sie bis heute begleitet.

Für den ein oder anderen mag es seltsam erscheinen, dass ich hier diesen geschichtlichen Rückblick anführe. Doch ich halte den historischen Hintergrund für absolut entscheidend, wenn es um Europas Haltung und Einstellung zu Flüchtlings- und Migrationsfragen geht.

Denn das europäische Asylsystem ist darauf ausgelegt, dass wir Menschen bei uns willkommen heißen. Wir haben vor langer Zeit entschieden, dass wir ein Kontinent sind, der dazu bereit ist, laufend eine Vielzahl an Menschen aufzunehmen, und zwar aus einer moralischen Verantwortung heraus, die sich zum Teil sicherlich aus unserer Geschichte begründen lässt. Mit dieser Geschichte sollten wir uns nach wie vor kritisch auseinandersetzen. Doch ob wir damit heute eine fahrlässige Asylpolitik rechtfertigen dürfen, bei der wir die Augen vor der Realität verschließen, das bezweifle ich. Das alleine stellt jedoch noch nicht das eigentliche Problem dar.

Europas Verantwortung hat ein Ende

Das eigentliche Problem ist, dass wir heutzutage nicht mehr darüber entscheiden, wer zu uns kommt. Wir haben schon lange nicht mehr die Hoheit darüber, welche Menschen bei uns eine neue Heimat finden. Eine Wahrheit, die auch im öffentlichen Diskurs immer wieder unter den Teppich gekehrt wird. Denn es geht bei der Migration nach Europa schon lange nicht mehr um die besten Köpfe. In Wirklichkeit entscheiden Schlepper darüber, wer bei uns Zuflucht findet. Brutale Menschenhändler bestimmen, wer finanziell und körperlich stark genug ist, um den Weg nach Europa auf sich zu nehmen. Und das Ergebnis: Europa hat die Souveränität über seine Außengrenzen verloren.

Diese Tatsache zeigt uns vor allem eines – das europäische Asylsystem ist gescheitert. Gescheitert in einem Ausmaß, dass wir tatsächlich nur noch von einem kranken System sprechen können. Und es zeigt uns vor allem, dass wir seit Jahren eine völlig falsche Debatte rund um diese Situation führen. Anstatt ständig darüber zu sprechen, was wir mit den Menschen tun, die hier bei uns sind, wie wir sie verteilen, wo wir sie unterbringen, sollten wir das eigentliche Problem adressieren.

Die Frage ist nicht, was wir mit den Menschen tun, wenn sie in Europa ankommen. Die Frage ist, wie wir verhindern, dass diese Menschen nach Europa kommen.

Die Frage ist, wie wir unsere Außengrenzen so schützen, dass wir selbst darüber entscheiden, wer zu uns kommt. Nur so können wir auch in Zukunft unsere offene Grenzen innerhalb der Europäischen Union wahren. Und die Frage ist, wie wir sicherstellen, dass wir in Europa endlich eine qualifizierte Zuwanderung und nicht hunderttausende unkontrollierte Asylanträgen registrieren. Was wir jedoch nicht tun dürfen, ist weiter an einem kranken System herumzudoktern.

Immer wieder höre ich, dass das unmenschlich sein soll. Linke Parteien echauffieren sich seit Jahren darüber, dass solch eine Betrachtung des europäischen Asylsystems schäbig und letztklassig und vor allem unmoralisch sei. In meinen Augen ist das Gegenteil der Fall. Ich halte das Ignorieren von Fakten für unmoralisch.

In den ersten zehn Monaten des Jahres 2022 sind bereits 1.811 Menschen auf dem Weg nach Europa im Mittelmeer ertrunken.[101]

Mit rund 100.000 Asylanträgen trägt Österreich im Jahr 2022 die höchste Pro-Kopf-Belastung in der Europäischen Union.[102] Mit jedem Menschen, den wir hier in Österreich aufnehmen, machen sich Schlepper auf den Weg und versprechen weiteren Menschen irgendwo auf der Welt, sie in ein besseres Leben nach Europa zu bringen. Daraufhin machen sich erneut zahlreiche Menschen auf den Weg und riskieren ihr Leben. Und erneut passieren menschliche Tragödien auf dem Weg nach Europa. Für jeden Menschen, den wir hier in Österreich aufnehmen und versorgen, machen sich zehn weitere auf den Weg, die sich bei uns ein besseres Leben erhoffen, einen guten Arbeitsplatz, einen Platz in der Schule oder im Kindergarten für ihre Kinder, Gesundheitsversorgung, eine Wohnung und soziale Absicherung. Können wir allen das zur Verfügung stellen? Nein, das können wir nicht.

> *Niemals werden wir es schaffen, all diesen Menschen dieses bessere Leben zu bieten, von dem sie träumen.*

Also ist doch diese Haltung unmoralisch. Diese falschen Versprechen, die wir diesen Menschen geben und ihnen damit signalisieren, dass sie zu uns kommen sollen, obwohl wir genau wissen, dass sie womöglich auf dem Weg nach Europa sterben oder andernfalls wahrscheinlich ein Leben in absoluter Perspektivlosigkeit führen werden. Viele dieser Menschen haben auf ihrem Weg nach Österreich eine Reihe sicherer Drittstaaten passiert und suchen sich dennoch Österreich als Zielland aus. Warum tun sie das? Weil sie von unserem Wohlstand und unserem Sozialsystem profitieren wollen. Ganz abgesehen davon, dass alleine diese Tatsache uns schon zeigt, dass das Asylsystem so nicht funktionieren kann, sehen wir auch, dass viele der Asylanträge hier in Österreich de facto chancenlos sind. Menschen aus Indien, Pakistan oder Tunesien – aus diesen Ländern verzeichnete Österreich 2022 besonders viele Asylanträge – werden in den seltensten Fällen in Österreich ein Recht auf Asyl bekommen.[103] Dennoch belasten sie unser System, indem sie ihren Antrag hier stellen und ihr Asylverfahren abwarten. Sie belasten damit unsere Verwaltung, unser Gesundheitssystem, unsere Gerichte.

In der Öffentlichkeit jedoch schaffen wir es kaum, über diese Wahrheiten zu sprechen. Wir müssen endlich eine ehrliche Debatte darüber führen können, wo die Verantwortung Europas beginnt, und wo sie auch endet. Denn ja, natürlich hat Europa auch eine Verantwortung. Wir haben Verantwortung für die Staaten auf unserem Kontinent und in unserer unmittelbaren Nähe. Wir haben dann eine moralische Verantwortung, wenn wir sehen, dass in der Ukraine Krieg geführt wird und sich somit Millionen an Ukrainerinnen und Ukrainern auf den Weg durch ganz Europa machen. Wir hatten als Österreich auch eine Verantwortung, wenn so wie 1956 hunderttausende ungarische Flüchtlinge innerhalb weniger Tage unsere Grenzen passierten, da sie vor der brutalen Gewalt der Sowjets aus Ungarn flüchteten.[104]

Doch wir haben nicht die Verantwortung, dafür Sorge zu tragen, dass Menschen aus Bangladesch oder Pakistan durch das Stellen eines Asylantrags automatisch das Ticket für ein wirtschaftlich besseres Leben bekommen. Und auch Menschen aus Ländern wie Syrien oder Afghanistan ziehen auf ihrem Weg nach Österreich durch eine Reihe von sicheren Staaten, wo sie ihren Asylantrag stellen könnten. Sie kommen aber zu uns, weil sie sich hier mehr erhoffen. Weil sie wissen, das unser Sozialsystem und unser Wohlstand mehr zu bieten haben. Und dieses Signal dürfen wir ihnen auf keinen Fall senden.

Solche Signale sind ein entscheidender Pull-Faktor. Unter Signalen sind aber nicht nur die faktischen Sozialleistungen, die wir ausschütten, oder die Staatsbürgerschaftsdebatten, die wir führen, zu verstehen, sondern auch die Maßnahmen, die wir laufend in der innenpolitischen Berichterstattung diskutieren, zählen dazu. Anstatt ständig darüber zu diskutieren, wie wir Menschen in welcher Anzahl aufnehmen, wie wir Asylgesetze so gestalten, dass klar ist, wer in welchem Land aufzugreifen ist, sollten wir darüber sprechen, wie wir verhindern, dass Menschen sich auf den Weg zu uns machen, und wie wir verhindern, dass sie das europäische Festland erreichen und europäische Außengrenzen passieren. Jegliche Debatte über Verteilungsquoten oder einen möglichen

ten Asyllast leiden, könnten so andere europäische Staaten, wie eben zum Beispiel Frankreich, ihren moralischen Beitrag zur Lösung der Asyl- und Migrationsfrage in Europa leisten.

Die Frage der europäischen Solidarität ist in dieser Debatte eine besonders kritische. Und sie wird vor allem dazu missbraucht, politische Diskussionen in Europa in eine völlig falsche Richtung zu drehen. Die Europäische Kommission präsentierte 2020 ein Migrations- und Asylpaket, in dem sie sich für effizienteren Grenzschutz, Rückführungen und schnellere Grenzverfahren ausspricht sowie eine Kooperation mit Drittstaaten fordert. Klingt auf den ersten Blick eigentlich ganz gut. Weiters fordert die Europäische Union darin ein neues Prinzip der »verbindlichen Solidarität« innerhalb der EU.[109] Und da gestaltet sich das Bild dann bereits differenzierter. Denn dieses Prinzip der Solidarität wird seit Jahren immer wieder dazu verwendet, über die Verteilung von Flüchtlingen auf europäischem Boden zu diskutieren.[110] Unabhängig von der Tatsache, dass solche Debatten eine weitere Bereitschaft zur Aufnahme von Flüchtlingen signalisieren, können sich Staaten wie Österreich, die seit Jahren die Hauptlast in der Migrationsfrage schultern, dabei nur verhöhnt fühlen.

> *Wir zeigen uns sehr wohl solidarisch – und das bereits seit Jahren.*

Wir zeigen uns so solidarisch, dass andere Staaten bisher kaum Belastungen durch Asylanträge spüren. Während wir in Österreich über Unterbringung, Verteilung oder Sozialleistungen für Asylwerber diskutieren, gibt es Staaten in Europa, die Asylanträge lediglich im Minimalbereich verzeichnen. Deren Solidarität kennt also Grenzen, während unsere keine kennen sollte? Wenn wir schon von europäischer Solidarität sprechen, dann sollten wir zuerst über Staaten sprechen, deren Wohlstand auf der Ausbeutung anderer fußt, und welchen Beitrag diese Staaten zu leisten haben. Österreich leistet seinen Beitrag bereits seit Jahren – in einem Ausmaß, von dem andere europäische Staaten Lichtjahre entfernt sind.

Bilder, die unsere Identität prägen

Im Rahmen dieser europäischen Solidarität sind auch manche Signale, die andere europäische Staaten senden, als verheerend einzustufen. Blicken wir zum Beispiel nach Deutschland, dann sehen wir, dass die dortige Ampelkoalition im Dezember 2022 eine Reform des Asylrechts verabschiedet hat, die offenbar einzig und allein dem Ziel dient, immer mehr Menschen nach Europa zu locken. Konkret verankert die deutsche Regierung ein sogenanntes »Chancen-Aufenthaltsrecht«. Demnach sollen Menschen, die sich bereits mehr als fünf Jahre in Deutschland aufhalten, einen neuen Aufenthaltstitel verliehen bekommen. Konkret heißt es im Gesetzesentwurf: »Diesen Menschen, die über die lange Aufenthaltszeit ihr Lebensumfeld in Deutschland gefunden haben, soll eine aufenthaltsrechtliche Perspektive eröffnet und eine Chance eingeräumt werden, die notwendigen Voraussetzungen für einen rechtmäßigen Aufenthalt zu erlangen.« Betroffen sollen 136.605 Personen sein.[111] Wer in dieser Zeit nicht straffällig geworden ist, erhält 18 Monate Zeit, um die Anspruchsvoraussetzungen für einen längeren Aufenthalt zu bekommen.[112][113] Genauso wie im Fall der oben angesprochenen Staatsbürgerschaften gefährden Staaten wie Deutschland durch solche Maßnahmen im Asylbereich den gesamten europäischen Kontinent. Derlei Pläne in einer Zeit wie dieser tatsächlich umsetzen zu wollen, macht die deutsche Ampelkoalition zum Totengräber unseres Kontinents.

Die Anreize, die damit geschaffen werden, führen letztendlich nur zu einer Konsequenz: zu noch mehr Menschen, die in Europa einen Asylantrag stellen, noch mehr Menschen, die auf die Versprechungen von Schleppern reinfallen, und noch mehr illegale Migration innerhalb Europas.

Dabei wissen wir mittlerweile, dass wir die damit verbundenen Herausforderungen nicht stemmen werden. Wir wissen auch, dass wir unserer Verantwortung gegenüber Staaten in unserer unmittelbaren Umgebung, wie zum Beispiel aktuell der Ukraine, nur dann nachkommen können, wenn wir unsere Ressourcen vernünftig und umsichtig einsetzen und nur in diese gezielte Nachbarschaftshilfe investieren. Nichts davon wird zukünftig noch möglich sein, wenn Europas wohlhabende Staaten ihre Systeme mit entweder chancenlosen Asylanträgen oder nicht integrierbaren Menschen überlasten.

Das Argument linker Parteien, sowohl in Österreich als auch in anderen europäischen Ländern, man würde diese Menschen brauchen, um den Arbeitsmarkt und den wirtschaftlichen Erfolg weiter aufrechtzuerhalten, stimmen schlicht nicht. Denn wenn aktuell sieben von zehn Zuwanderern, denen seit Jahresbeginn 2022 Asyl- oder subsidiärer Schutzstatus zuerkannt worden ist, nicht alphabetisiert sind, dann sind das nicht die Arbeitskräfte, die wir in Europa benötigen.[114] Asyl ist mit Sicherheit nicht das richtige Werkzeug, um Fachkräfte für unseren Arbeitsmarkt anzuwerben, und kann es auch nie sein. Dass linke Parteien dieses Märchen weiterhin kolportieren und so ihre Willkommenspolitik rechtfertigen, ist eine der großen Gefahren in jeglicher Flüchtlingsdebatte. Es ist schlicht eine Erzählung, die nicht einmal im Ansatz der Realität entspricht.

> *Den Preis für dieses Märchen zahlen sowohl die europäischen Staaten als auch die Asylwerber, die in überfüllten europäischen Städten auf Unterbringung, Gesundheitsversorgung oder jegliche Perspektive warten müssen.*

Bilder, wie sie zum Beispiel im Herbst 2022 in Belgien zu sehen waren, als hunderten Menschen keine Unterkunft und keine ordentliche Gesundheitsversorgung zur Verfügung gestellt werden konnten, offenbaren nicht nur auf schockierende Weise dieses Versagen des europäischen Asylsystems, sondern sie prägen nun seit Jahren unsere europäische Identität.[115] Sie zeigen einen Kontinent, der offenbar seine eigenen Grenzen nicht schützen, und somit nicht überblicken kann, welche und wie viele Menschen sich durch seine Staaten bewegen.

Es ist entsetzlich mitanzusehen, dass Europa nicht mehr Herr der Lage ist und auch die Menschen nicht mehr ausreichend versorgen kann. Verantwortlich dafür ist aber keine Härte oder Unmenschlichkeit einzelner europäischer Regierungen, verantwortlich dafür ist eine Wertehaltung politischer Vertreter in Europa, die lieber in Kauf nehmen, dass solche Bilder des Versagens und der unkontrollierten Zuwanderung seit Jahren unsere Nachrichten füllen, anstatt für Souveränität und die eigene Bevölkerung einzustehen. Bis auf den moralischen Zeigefinger haben diese Vertreter jedoch am Ende nichts zu bieten.

Bekenntnis zur Asylobergrenze NULL

Dieser moralische Zeigefinger zeigt sich vor allem dann, wenn es um Diskussionen rund um Menschenrechte in der Asylfrage geht. Denn dass die Menschenrechte unser gemeinsames Wertefundament sind, auf dem unsere Staatengemeinschaft fußt, ist wohl unbestritten. Ich habe Punkte aus der Menschenrechtserklärung in diesem Buch zitiert. Das bedeutet jedoch nicht, dass man nicht hinterfragen darf, ob die Formulierungen, wie sie in der Europäischen Menschenrechtskonvention (EMRK) gewählt sind, noch zeitgemäß sind. Zum Teil stellen sie uns nämlich bei der Durchführung unserer Asylgesetze vor absurde Herausforderungen, die so vermutlich vor einigen Jahrzehnten niemand kommen gesehen hat.

Die Abschiebung straffällig gewordener Asylwerber wird uns dadurch nämlich genauso verunmöglicht wie die Abschiebung von Asylwerbern in sichere Drittstaaten. Auch die Rückführung von Asylwerbern in sichere Mitgliedsländer, wie zum Beispiel Griechenland, ist nicht möglich. Dort machen wir zwar jedes Jahr Urlaub, aber für die EMRK entspricht Griechenland nicht den Standards, um dorthin Menschen abzuschieben. Das ist absurd, und darüber müssen wir diskutieren können – ohne ständig den besagten moralischen Zeigefinger vorgehalten zu bekommen.

Stattdessen braucht es eine ehrliche, sachliche und faktengestützte Auseinandersetzung mit der immer wiederkehrenden Migrationskrise, die wir in Europa erleben. Das bedeutet vor allem anzuerkennen, dass illegale Migration immer ein Unterwandern eines Rechtsstaates und das Ergebnis von Menschenhandel und Schlepperei ist. Somit kann es auf die Frage nach einer Obergrenze bei Asylanträgen stets nur eine Antwort geben: Null.

> *Illegale Migration ist am Ende nichts anderes als ein Systemversagen und immer Zeugnis dessen, dass wir etwas nicht unter Kontrolle haben.*

Die Antwort darauf kann also nicht sein, dass wir diesen Umstand akzeptieren und einfach damit leben, dass Tag für Tag Menschen illegal unsere Landesgrenzen passieren. Manche registrieren wir, manche vielleicht nicht. Das einfach hinzunehmen wäre nichts anderes als staatspolitische Verantwortungslosigkeit. Im Umkehrschluss kann das also nur bedeuten, dass das alleinige Ziel sein muss, illegale Migration zu verhindern. Und das bedeutet, dass Asylanträge aus Indien, Pakistan oder Tunesien, wo Menschen augenscheinlich zuerst eine Reihe anderer sicherer Drittstaaten passiert haben, bevor sie nach Österreich gekommen sind, so nicht möglich sein können und raschest der Vergangenheit angehören sollten.

Der bulgarische Politologe Ivan Krastev sprach 2016 davon, dass es »Krisen gibt, die können nicht gelöst, nur überlebt werden – die Flüchtlingskrise ist eine davon«.[116] Im Grunde spricht er hier von einem Eingeständnis des europäischen Versagens. Das darf in meinen Augen jedoch niemals die Antwort sein. Und auf keinen Fall sollte es eine Ausrede für das eigene Nichtstun sein. Denn eines zeigt sich jetzt schon immer mehr: Schafft die EU es nicht, das Migrationsproblem zu lösen, dann wird sie längerfristig daran scheitern.

Die Antwort auf das Versagen der EU kann immer nur das Bestreben einzelner Nationalstaaten sein, sich selbst zu schützen. Und das ist zu Recht auch die Erwartungshaltung in der Bevölkerung – in Österreich und natürlich auch in allen anderen europäischen Staaten, die damit auf so massive Art und Weise konfrontiert sind.

So gesehen ist das Lösen der Flüchtlingsfrage auch ein großer Teil des Überlebenskampfes der Europäischen Union, den es in den nächsten Jahren zu führen gilt.

Diesen Überlebenskampf wird man jedoch nur mit einer harten und konsequenten Linie in Asyl- und Migrationsfragen gewinnen, wobei wir sicherstellen müssen, dass wir endlich souverän darüber entscheiden, wer zu uns kommt. Durch gut geschützte Außengrenzen, ein ordentlich ausgestaltetes Asylsystem und den konsequenten Kampf gegen die Schlepperei, die versucht unseren Kontinent dauerhaft zu unterwandern. Aber sicherlich nicht durch eine Politik, die nichts anderes als Symptombekämpfung betreibt.

Eine Alternative dazu gibt es nicht. Dabei geht es nicht nur darum, unsere europäische Identität zu erhalten, sondern auch dem Anspruch unserer Staatengemeinschaft gerecht zu werden. Dieser Anspruch reicht von souveränen, geschützten Grenzen bis hin zur Sicherstellung der eigenen inneren Sicherheit in allen europäischen Ländern. Der Politikwissenschaftler Belachew Gebrewold plädiert in einem Interview mit der Tageszeitung »Der Standard« dafür, »die Kolonialzeit bei der europäischen Identität mitzudenken« und die Vergangenheit des Kolonialismus als Teil der europäischen Migrationsgeschichte anzuerkennen.[117] Den Kolonialismus als Teil unserer Geschichte anerkennen und uns mit seinen Folgen auseinandersetzen, das sollten wir. Doch das bedeutet nicht, dass sich Europa aus diesem Grund selbst aufgeben und der unkontrollierten Migration aufs europäische Festland den roten Teppich ausrollen muss. Im Gegenteil.

Dieser Geschichte und dieser Identität werden wir nur gerecht, indem wir durch gezielte Hilfe vor Ort andere Staaten auf ihrem Weg zu ihrem eigenen Wohlstand unterstützen und dafür Sorge tragen, dass Europa eine Staatengemeinschaft bleibt, die in der Lage dazu ist, aus eigenem Wohlstand heraus mit anderen Kräften auf der Welt mitzuhalten und sowohl Handel als auch Investitionen in andere – möglicherweise ärmere – Länder der Welt sicherzustellen. Und nur dann können wir uns auch diese moralische Verantwortung leisten, nach der viele linke Meinungseliten regelmäßig lautstark verlangen.

7 | NACH UNS KEINE SINTFLUT

Schon einmal von der mächtigsten Mätresse des französischen Königs Ludwig XV., der Marquise de Pompadour, gehört? Von ihr stammt eine Redewendung, die wir heute noch sehr oft verwenden, ohne zu wissen, woher sie eigentlich ursprünglich kommt. Der Überlieferung zufolge soll die Marquise de Pompadour nach der Niederlage der französischen Armee bei Roßbach gegen Preußen im November 1757 mit »Après nous le déluge!« reagiert haben, was übersetzt soviel wie »Nach uns die Sintflut!« bedeutet.[118]

Eine Redewendung, die wir heute immer dann verwenden, wenn wir ausdrücken möchten, dass uns etwas egal ist. Was uns jedenfalls nicht egal sein sollte, ist die schnell voranschreitende Erderwärmung. Eine der größten Herausforderungen unserer Zeit – ohne Frage. Doch wie weit sollten und dürfen wir gehen, um unser Klima und unsere Umwelt zu schützen? Welche Formen des Klimaschutzes sind sinnvoll, und was geht zu weit? Diese Fragen stellen sich vor allem in letzter Zeit viele von uns, insbesondere vor dem Hintergrund des nach der Coronakrise nun neu aufgeflammten Klimaaktivismus. Im Namen des Klimaschutzes übertrumpfen sich Aktivisten nicht nur mit radikalen Forderungen zur Rettung der Welt, sondern greifen auch zu immer extremeren Mitteln. Diese reichen von Sachbeschädigung und Vandalismus bis hin zu Gewalt. Und dieser Klimaaktivismus stellt nicht nur die Exekutive und die Justiz regelmäßig vor neue Herausforderungen, sondern auch die Politik spaltet sich in scharfe Kritiker und verblendete Befürworter. Zu welcher Gruppe ich zähle? Auf jeden Fall zur ersteren.

Nachhaltigkeit, Klima- und Umweltschutz und ökologisches Denken sind mittlerweile nicht nur eine politische Agenda. Längst geht es da um viel mehr. Es geht um Lifestyle, es geht um die Moral, es geht um Gut oder Böse. Für viele ist die Frage nach dem Klimaschutz beinahe zu einer Glaubensfrage geworden. Achtest du penibel auf deinen ökologischen Fußabdruck? Dann bist du gut. Nutzt du dein Auto weiterhin regelmäßig und fliegst übers Wochenende auf Urlaub? Dann bist du böse. Kaum ein Konzern ohne Nachhaltigkeitsstrategie. Kaum eine Produktlinie ohne Ökosiegel. Kaum eine Partei ohne Umweltschutzprogramm. Wir verleihen Preise für klimagerechtes Verhalten, legen unser Geld in »grünen Fonds« an, beantragen Photovoltaik-Förderungen und kaufen CO_2-Zertifikate. Das ist mittlerweile der Lifestyle ganzer Generationen. Ist alles daran schlecht und übertrieben? Nein, natürlich nicht. Das Ziel dahinter ist ein wichtiges. Doch das Bild, das mittlerweile der jungen Generation vermittelt wird – wir hätten nur noch wenige Jahre auf dieser Erde zu leben, und jedes weitere Kind, das wir in die Welt setzen, würde das Ende für unser Klima bedeuten – das geht eindeutig zu weit. Es dient lediglich der politischen Agenda einiger weniger, trägt aber nichts zur Lösung des eigentlichen Problems bei.

Der menschengemachte Klimawandel ist ein Fakt, und von Zivilgesellschaft über Unternehmen bis hin zur Politik sind alle gefordert, sich diesen Umstand ins Bewusstsein zu rufen und ihr Handeln nachhaltiger zu gestalten. Allerdings in einem Ausmaß, das sich mit unserer modernen Lebenswelt und unserem Wohlstand vereinbaren lässt und im eigenverantwortlichen Ermessen jedes Einzelnen liegt. Was jedoch stattdessen passiert, ist ein ideologischer Glaubens-

ter verschieben und die Teilnehmer selbst sich offenbar stetig stärker radikalisieren, ist allerdings nicht nur eine persönliche Beobachtung. Auch Experten und der heimische Verfassungsschutz sprechen mittlerweile davon, dass einige Klimaaktivisten in ihrem politischen Aktivismus »am Scheideweg stehen«. Ihre selbst gezeichneten Drohszenarien scheinen alles zu legitimieren – offensichtlich sogar Gewalt.[124][125] In Deutschland gehen die Pläne und Aktionen der »Letzten Generation« mittlerweile so weit, dass es zu Razzien in mehreren Wohnungen kam und der Verdacht der Bildung einer kriminellen Vereinigung im Raum steht.[126]

Trotzdem scheinen manche Schwierigkeiten damit zu haben, sich klar von dieser Form des politischen Aktivismus zu distanzieren und ihn zu verurteilen. Wenn wir jedoch ehrlich sind, sprechen wir hier schon lange nicht mehr von bloßem Aktivismus. Denn das Aufrufen zu Straftaten und das Zerstören unseres Kulturguts ist weit mehr. Das ist eine ganz deutliche Form der politischen Gewalt. Und diese Gewalt scheinen manche durch ihren Kampf für den Klimaschutz rechtfertigen zu wollen, wobei ihnen jedes Mittel recht ist. Doch wieso sollten Straftaten im Namen des Klimaschutzes moralisch in Ordnung sein im Vergleich zu anderen? In einem Rechtsstaat können kriminelle Taten auch nicht mit dem Glauben an ein politisches Ziel gerechtfertigt werden.

Betrachtet man die von Klimaschützern produzierten Schlagzeilen, die uns in immer häufiger Frequenz erreichen, könnte man meinen, es bildet sich eine neue fundamentalistische Ideologie heraus: der Klimaextremismus.

Und in dessen Namen führen Klimaschützer eine Art Glaubenskrieg gegen alles und jeden, die ihren Zielen in die Quere kommen – ohne Kompromisse. Diesem Vorgehen, das in vielerlei Hinsicht an Fanatismus grenzt, müssen wir entschieden entgegentreten und die Straftaten der Klima-Kleber auch konsequent ahnden und sanktionieren. Dafür gilt es nicht nur, die bestehenden gesetzlichen Möglichkeiten voll auszuschöpfen, bis hin zur Verhängung von Arreststrafen, sondern auch einen neuen Straftatbestand für Klimaaktivisten einzuführen – genauer gesagt für das Festkleben an Straßen und das Beschädigen von Kulturgut. Denn egal in wessen Namen oder für welches Ziel, jede Form von Extremismus und Gewalt ist letzten Endes nichts anderes als demokratiefeindlich und hat in unserer Gesellschaft keinen Platz.

Auch wenn manche Aktionen als scheinbar harmloser ziviler Ungehorsam beginnen, so entgleisen doch illegale Straßenblockaden meist ohnehin am Ende des Tages und gefährden unsere öffentliche Sicherheit, genauso wie die Besetzung einer Baustelle über Monate hinweg nur zum Frust einzelner Akteure führt und im Falle des Lobautunnels sogar dazu, dass ganze Bezirke in Wien weiterhin im täglichen Verkehr ertrinken und der Alltag vieler Familien damit nur noch beschwerlicher wird. Bis auf ein paar Schlagzeilen gibt es da keinen Mehrwert – schon gar nicht für unser Klima.

Verbotskultur schafft keine Nachhaltigkeit

Anstatt arbeitenden Menschen in der Früh den Weg ins Büro zu erschweren oder Museumsmitarbeiter einem täglichen Stresstest zu unterziehen, sollten wir über die tatsächlichen Anliegen hinter einem ernst gemeinten Klima- und Umweltschutz sprechen und uns überlegen, welche Wege wir in Zukunft beschreiten sollten, um unsere Schöpfung für nächste Generationen zu bewahren. Denn das ist das eigentliche Ziel, um das es gehen sollte. Wie wir unsere Welt, unseren Planeten, weiter bewahren und dafür sorgen, dass auch kommende Generationen ein möglichst erfülltes Leben auf diesem Planeten führen können.

Die Forderungen linker Aktivisten reichen dafür von Tempo 100 über den totalen Stopp von Großprojekten bis hin zu absurden Ideen, wie der Einführung einer Fleischsteuer von 41 Prozent für Männer und einem Sexverbot für fleischessende Männer, wie ihn die deutsche Tierschutzorganisation PETA fordert. Daniel Cox, Teamleiter der Kampagnen bei PETA Deutschland, geht sogar so weit und spricht davon, dass »jedes nicht geborene Kind 58,6 Tonnen CO_2-Äquivalente pro Jahr einspart«.[127]

Diese Forderungen verbindet, dass sie alle auf Zwang und Verzicht abzielen und die Abkehr von Fortschritt und individueller Freiheit voraussetzen. Und im Fall von PETA zeigt es uns auch, dass bei diesen Bestrebungen schon lange nicht mehr der Mensch und die Verbesserung seiner Lebensrealität im Mittelpunkt stehen und die Grenzen, wie weit Klima- und Umweltschutz gehen dürfen, weit überschritten werden.

Ähnlich absurd gestalten sich die Debatten in Sachen Nachhaltigkeit auf europäischer Ebene. Da wird in Brüssel nicht nur Atomstrom als »grüne Energie« zertifiziert, sondern auch ein Verbrennerverbot bis 2035 beschlossen. Das bedeutet, dass ab diesem Jahr in der Europäischen Union keine PKWs mit Verbrennungsmotoren mehr zugelassen werden dürfen. Das Ganze hat jedoch mehr als einen Haken. Laut Untersuchungen des Verkehrsministeriums werden in Österreich 70 Prozent der Personenkilometer durch das Auto zurückgelegt. 20 Prozent werden mithilfe öffentlicher Verkehrsmittel zurückgelegt, und der Rest wird zu Fuß oder mit dem Rad erledigt.[128] Es ist davon auszugehen, dass Menschen diese Wahl – vor allem im ländlichen Raum – nicht nur aus Jux und Tollerei treffen, sondern weil die Möglichkeiten der öffentlichen Verkehrsmittel in einigen Regionen Österreichs stark beschränkt sind. Sollte das Ziel der EU vor diesem Hintergrund funktionieren, müssten also all die betroffenen Österreicher ab sofort auf E-Autos zurückgreifen – das ist aber für viele aus finanziellen Gründen nicht möglich. Genauso wenig gibt es in Österreich die Infrastruktur für diese Menge an Autos, und niemand kann aktuell genau sagen, wie und ob diese bis 2035 in ganz Österreich flächendeckend aufgebaut werden kann. Die Pläne der EU führen also am Ende des Tages nur zu einem Ergebnis – zur Einschränkung der Mobilität in Europa.

Und das vor allem auf Kosten der persönlichen Freiheit. Dabei steht gerade das Auto für genau dieses Symbol der Freiheit. Menschen können sich mithilfe des Autos seit Jahrzehnten flexibel fortbewegen, und für viele ist es auch ein notwendiges Werkzeug, um ihren Alltag mit ihrer Familie oder für ihren Beruf so zu gestalten, wie sie es brauchen. Es handelt sich dabei also um keinen selbst gewählten Luxus, sondern um schlichte Notwendigkeit.

Wenn Klimaaktivisten wie Lena Schilling dann davon sprechen, dass Autofahrer bewusst auf das verzichten, »was ein gut ausgestattetes öffentliches Verkehrsmittel ihnen zu bieten hätte – nämlich mehr Entspanntheit und die Möglichkeit, am Heimweg zu lesen, sich einen Film anzuschauen und dabei einen Kaffee zu trinken«,[129] dann zeugt das von einem unfassbar einseitigen und auch elitären Weltbild. Denn für die meisten Autofahrer in Österreich geht es nicht darum, dass sie freiwillig auf etwas verzichten möchten. Sie können nicht anders. Sie müssen auf das Auto setzen, da sie nicht die Möglichkeit haben, eine andere Form der Mobilität zu wählen – zumindest nicht unter großem Aufwand.

> *Den Luxus, auf ein Auto zu verzichten, muss man sich also leisten können. Und das können nun einmal viele Menschen in Österreich nicht.*

Im »Klimamanifest« der beiden Aktivisten Marcus Wadsak und Paula Dorten träumt man sogar von völlig autofreien Städten, und für alle Menschen, die im ländlichen Raum leben, solle die Devise gelten: »Vielleicht geht es ja mit dem Fahrrad, damit tun wir nicht nur dem Klima etwas Gutes, sondern auch unserer Fitness und Gesundheit. Suchen Sie nach öffentlichen Verbindungen oder, wenn das nicht möglich ist, bilden Sie Fahrgemeinschaften.«[130] Und wenn man das nicht kann? Wenn ein Pendler aus dem Waldviertel beispielsweise auf sein Auto angewiesen ist? Dann hat er zukünftig wohl einfach Pech gehabt. Verzicht, Verbote, Vorgaben – all das findet sich in diesen Forderungen. Nichts davon bedient jedoch die tatsächliche Lebensrealität vieler Menschen in Österreich.

Und sosehr viele eine Reduktion auf Tempo 100 auch in Österreich herbeisehnen, ich halte auch das für einen völlig falschen Schritt. Denn auch hier gilt: Das Setzen auf Verbote und das immer strengere Festschreiben von Regeln stehen nicht nur im Widerspruch zu unserem Verständnis eines mündigen Bürgers, der für sich selbst entscheidet, sondern sie werden in meinen Augen auch nicht den gewünschten Erfolg bringen. Es wird lediglich auf Kosten unserer täglichen Lebensrealität, unseres Alltags und unserer Bewegungsfreiheit gehen.

Fast scheint es so, als würden diese Klimadebatten immer auf eine Frage zusteuern: Wollen wir unser Klima schützen, und damit unseren Wohlstand vernichten und unsere Freiheit dafür opfern? Diese von manchen militant propagierte Verknüpfung ist jedoch die falsche. Ich bin der Meinung, dass der Schutz unserer Schöpfung und der Erhalt unseres Wohlstands und unserer individuellen Freiheit miteinander in Einklang gebracht werden können und müssen. Denn nur, wenn wir Lösungen schaffen, die von allen freiwillig mitgetragen werden, erreichen wir, dass Klima- und Umweltschutz wirklich von jedem Mitglied der Gesellschaft aus persönlicher Motivation heraus betrieben wird. Zwang, Verbote und das Festlegen einer Doktrin wird das Gegenteil bewirken.

Innovation statt Ökodiktatur

Wenn es also nicht mit Verzicht und Verboten geht, ist unsere Schöpfung somit verloren? Nein, auf keinen Fall. Anstatt ständig unter dem Vorwand eines moralisch höherwertigen Ziels in das tägliche Leben der Menschen einzugreifen, sollten wir auf europäischer Ebene und auch in Österreich da ansetzen, wo es sinnvoll ist. Und das sind in erster Linie innovative Lösungen und technische Entwicklungen, die zur Lösung des Klimaproblems beitragen können. Dafür müssen wir auf allen Ebenen mehr finanzielle und personelle Ressourcen in die Erforschung dieser technischen Lösungen investieren. Und vor allem sollten wir dabei auf Lösungen setzen, die nicht nur den Klima- und Umweltschutz im Sinn haben, sondern die auch mit einem ökonomischen und sozialen Fortschritt einhergehen. Denn anstatt uns ein schlechtes Gewissen einreden zu lassen, sollten wir erkennen, dass Klima- und Umweltschutz mit Wohlstand und Weiterentwicklung in Zukunft Schritt halten müssen. Es geht also nicht darum, das eine oder das andere zu wählen. Sondern beides in Einklang zu bringen. Denn nur so werden wir die von vielen herbeigesehnte sogenannte »grüne Wende« tatsächlich erreichen.

Doch für viele Aktivisten und auch für einige Vertreter linker Parteien in Österreich stellt der Kampf um den Klimaschutz gleichzeitig einen »Klassenkampf« dar. Da werden dann Forderungen nach der Enteignung von Unternehmen laut oder die Einführung von Erbschaftssteuern als wirksames Mittel gegen den Klimaschutz genannt.[131] Auf dem Weg zu ihrem »Utopia« geht es ständig auch um das Überwinden der Marktwirtschaft und eine völlige Neuordnung unseres Wirtschaftssystems.[132] Das Ganze läuft dann unter dem Namen der »Klimagerechtigkeit«.[133]

Im Namen dieser Klimagerechtigkeit werden genau diese veralteten Thesen des sozialen Klassenkampfes bespielt, deren sich sozialistische Parteien bereits seit zig Jahrzehnten bedienen. Auch Karl Marx schreibt 1867 in »Das Kapital«, dass »Après moi le déluge! der Wahlruf jedes Kapitalisten und jeder Kapitalistennation« sei.[134] Diesen Satz scheinen bis heute einige Klimaaktivisten sehr genau zu nehmen und wüten deshalb bei jeder Gelegenheit gegen das System der Marktwirtschaft und gegen jegliche Formen des privaten Wohlstands. Im Klimamanifest von Marcus Wadsak und Paula Dorten heißt es weiter: »… das nachhaltigste

Einfamilienhaus bleibt schlicht das nichtgebaute«. Und »um die willkürliche Ausbeutung von Mensch und Planeten durch Konzerne zu stoppen, durch gescheite Mindest- und Höchstgehälter sowie Vermögenssteuern ein faires soziales und ökonomisches Fundament für alle zu sichern«. Es gehe nämlich nicht um das »Wachsen der Wirtschaft«.[135]

Es mag sicher stimmen, dass in einer Gesellschaft nicht nur das Wachsen der Wirtschaft zählt. Aber dennoch ist genau dieses Wirtschaftswachstum ausschlaggebend für so vieles, auf dem unser Alltag fußt. Angefangen von Arbeitsplätzen bis hin zur Infrastruktur, die wir jeden Tag nutzen – nichts davon gäbe es in dieser Form ohne Wachstum unserer Wirtschaft.

> *Den Klimaschutz also auf dem Rücken des Wirtschaftswachstums betreiben zu wollen, ist nicht nur zu kurz gedacht, sondern auf lange Sicht verantwortungslos.*

In der jüngsten Vergangenheit werden in diesem Zusammenhang auch Rufe nach einer »Ökodiktatur« laut. Einige Aktivisten beginnen bereits, unser demokratisches System zu hinterfragen, und wünschen sich einen harten Staat, der in Klimasachen endlich durchgreift. Nur so könne man die selbst gesteckten Klimaziele erreichen und die Leute endlich zur Vernunft bringen. Demokratie scheine für einen effektiven Klimaschutz ein Hindernis zu sein, deshalb müsse man überlegen, welche Alternativen es hier gäbe.[136] Was für eine absurde Begründung, um parlamentarische Kontrolle und demokratische Freiheiten auszuhebeln. Wir brauchen natürlich keine Ökodiktatur. Wir brauchen in erster Linie Zuversicht und die Möglichkeit, neue Technologien zu erforschen.

Aber offenbar kämpfen wir dabei nicht nur um den Schutz unseres Planeten, sondern in vielen Belangen auch um unsere Freiheit, die einige wenige unter dem Vorwand des Klimaschutzes beschneiden wollen.

Schaffen, um unsere Schöpfung zu schützen

Um den gemeinsamen Weg hin zu einer nachhaltigeren Gesellschaft und zu einer Energiewende zu meistern, müssen wir vor allem das nutzen, was uns unser Land von vornherein bietet. Österreich ist topografisch sehr begünstigt und kann deshalb im internationalen Vergleich einiges vorzeigen. Bereits 85 Prozent der in Österreich produzierten Energie werden aus erneuerbaren Energiequellen gewonnen, hauptsächlich aus Wasserkraft und Biomasse. Aber auch Wind- und Sonnenenergie nahmen in den vergangenen Jahren stetig zu.[137] Im heimischen Verbrauch verzeichnen wir ebenfalls einen Anstieg bei erneuerbaren Energien und sind hier im EU-Durchschnitt bereits doppelt so hoch im Vergleich zu vielen anderen Ländern. Um bis 2030 allerdings 100 Prozent aus erneuerbaren Energieträgern zu beziehen, wie das Ziel lautet, braucht es dennoch einiges an Anstrengung.

Laut Angaben des Klimaschutzministeriums gibt es in Österreich aktuell 3.107 Wasserkraftwerke mit einer Gesamtleistung von rund 14,7 GW. Damit wird die österreichische Stromerzeugung durch Wasserkraft mit einem Anteil zwischen 55 und 67 Prozent dominiert. Damit alleine kommen wir aber nicht aus und importieren deshalb nach wie vor einen Großteil der fossilen Energien.[138] Spätestens seit Beginn des Ukraine-Krieges wissen wir, dass wir diesen Umstand schleunigst ändern sollten, wenn wir nicht nur unsere Klimaziele erreichen, sondern auch die Abhängigkeit vom Ausland reduzieren wollen.

Zehn Prozent unseres Stroms in Österreich kommen dabei aus Kaprun, wo eines der symbolträchtigsten Kraftwerke Österreichs steht. Das Kraftwerk in Kaprun wurde nach dem Zweiten Weltkrieg unter der Mitwirkung von 4.000 Menschen errichtet und 1955 fertiggestellt. Auch wenn seine Geschichte eine sehr bewegte ist, vor allem da beim Bau während des Zweiten Weltkrieges hauptsächlich jüdische Zwangsarbeiter und Kriegsgefangene beteiligt waren, und wir dies deshalb auch sehr kritisch betrachten sollten, so repräsentiert Kaprun heute dennoch den Wiederaufbau unseres Landes nach den Kriegsjahren. Nach Kriegsende wurde das Projekt mit Mitteln aus dem Marshall-Plan vollendet. Das Kraftwerk Kaprun gehört heute zu den größten Wasserkraftwerken Europas. Und nicht nur die österreichische Stromerzeugung profitierte von diesem jahrzehntelangen Großprojekt. Kaprun verzeichnete vor dem Krieg rund 200 Einwohner. Zwanzig Jahre später waren es durch den Kraftwerksbau rund 2.500.[139][140]

Solche Kraftwerke heute zusätzlich zu errichten, ist zwar mit enormem finanziellem Aufwand verbunden, aber die Möglichkeiten dafür sind dank unserer Topografie nach wie vor vorhanden. Also sollten wir sie auch nutzen. Gerade in einer Zeit, wie wir sie aktuell erleben, in der sowohl unsere Wirtschaft als auch unser Klima gefordert sind, macht es Sinn, beides miteinander zu verbinden. Durch Investitionen in Großprojekte, wie den Bau neuer Kraftwerke, nicht nur die Wirtschaft zu stärken, Arbeitsplätze zu schaffen, sondern auch den Anteil an erneuerbarer Energie in Österreich nachhaltig zu erhöhen.

Auch beim Ausbau von Wind- und Solarenergie gibt es

in Österreich noch vielfältige Möglichkeiten, die wir nutzen müssen. Jedes Dach ohne Photovoltaikanlage, insbesondere im öffentlichen Raum, ist eine brachliegende Ressource. Städte wie Wien haben hier noch deutlichen Nachholbedarf und sollten ihre Anstrengungen in diese Richtung schnellstmöglich intensivieren.

Was möchte ich mit all diesen Ausführungen sagen? Dass an einem Umdenken hin zu mehr Klima- und Umweltschutz kein Weg vorbeiführt – unter anderem durch den Ausbau der erneuerbaren Energien –, das ist uns allen klar. Insbesondere die Ukraine-Krise hat uns in der jüngsten Zeit drastisch vor Augen geführt, dass es hier nicht mehr nur darum geht, unsere Klimaziele zu erreichen, sondern auch, dass wir dringend die Abhängigkeit zum Ausland in Sachen Energie reduzieren müssen. Egal, woher wir die Energie zukünftig beziehen, die alternativlose Abhängigkeit von ausländischen Machthabern wird für einen Staat wie Österreich nie nachhaltig funktionieren können. Genauso wissen wir aber auch, dass unsere Wirtschaft und unser Wohlstand untrennbar miteinander verbunden sind und wir insbesondere in fordernden Krisenzeiten, wie wir sie derzeit erleben, alles unternehmen müssen, um unseren Standort, unsere Unternehmen und unser Wirtschaftssystem zu schützen. Und da benötigt es etwas mehr Realitätssinn und etwas weniger von der Utopie, die sich manche wünschen.

Günstige, heimisch produzierte und erneuerbare Energie muss hier in Zukunft die Grundlage für diesen Wohlstand sein. Was wir allerdings nicht machen dürfen, ist unter dem Deckmantel des Klimaschutzes jegliche Innovation und jeden Fortschritt zu verteufeln und zu verhindern. Ein nachhaltiges Österreich kann es nur mit Hilfe von innovativen Lösungen und Konzepten geben – und hier spielen unsere Unternehmen eine entscheidende Rolle. Die Marktwirtschaft ist in diesem Fall also nicht unser Feind, sondern unser engster Verbündeter. Nur wenn wir darauf bauen, uns weiterzuentwickeln, an weiteren Innovationen zu arbeiten und uns etwas zu schaffen, wird es uns auch gelingen, für den Klimawandel nachhaltige und vor allem sozial und wirtschaftlich verträgliche Lösungen – ohne Verbotskultur – auf den Weg zu bringen. Das fängt an beim Aufbau neuer Kraftwerke, beim Schutz unserer Wälder – insbesondere die Sicherstellung von klimafitten Wäldern – und unseres Wassers bis hin zur Erforschung neuer Speichermöglichkeiten für große Mengen an Energie sowie neuer synthetischer Treibstoffe und der Etablierung von Österreich als Vorzeigeland in Sachen Wasserstoff. All diese Maßnahmen können und müssen mit Innovation, wirtschaftlicher Weiterentwicklung und sozialer Verträglichkeit einhergehen.

> *Sich als Gesellschaft weiter Wohlstand aufbauen zu wollen, ist keine Schande. Es ist überlebensnotwendig.*

Und das Märchen von einem Wandel ins 19. Jahrhundert zurück zu propagieren, indem wir auf vieles verzichten, was uns die Technologie und der Fortschritt in den vergangenen Jahrzehnten gebracht haben, ist nicht nur realitätsfremd, sondern am Ende auch bloß billige Propaganda. Denn so wird weder unsere noch jede kommende Generation einen erfolgreichen Kampf gegen den Klimawandel führen können.

Eines muss uns dabei jedoch immer klar sein: Österreichs Anteil an den weltweiten Treibhausgas-Emissionen ist im Verhältnis aller Staaten nur ein geringer. Chinas Anteil liegt aktuell bei ungefähr 32,9 Prozent, das sind umgerechnet etwa 14,3 Milliarden Tonnen CO_2. Während es in Österreich etwa 80 Millionen Tonnen sind (Stand November 2022). Diese Zahlen bedeuten nicht, dass wir das als Ausrede verwenden dürfen, um beim Klimaschutz selbst nur zuzuschauen.[141] Aber diese Zahlen müssen uns zeigen, in welchen Dimensionen wir uns in Österreich bewegen und dass ein Streben nach mehr Klimaschutz für uns außer einem Fokus auf innovative technische Ansätze vor allem auch die Suche nach entsprechenden Partnern bedeutet – insbesondere auf europäischer Ebene.

Straftaten gegen unsere Umwelt härter ahnden

Neben dem Setzen auf technische Entwicklungen gibt es allerdings noch einen zweiten Aspekt, auf den wir genau achten sollten, wenn wir entschlossen gegen die Erderwärmung kämpfen möchten – und das ist die mittlerweile erschreckend um sich greifende organisierte Kriminalität im Umweltbereich. Eine Reihe krimineller Vereinigungen trägt in den letzten Jahren konstant dazu bei, unsere Umwelt zu verschmutzen, und damit unsere biologische Vielfalt und unser Ökosystem zu bedrohen. Neben dem Drogenhandel gehören Umweltverbrechen heutzutage zu den lukrativsten. Mittlerweile sollen Umweltdelikte das viertgrößte Verbrechen sein, und dennoch werden diese aktuell kaum erfolgreich verfolgt und geahndet, da die rechtlichen Rahmenbedingungen dafür oft nicht ausreichend sind.[142] Dazu zählen zum Beispiel das Einleiten von illegalen Stoffen in die Luft, illegaler Handel mit wilden Tieren, illegales Entsorgen von Abfällen und illegaler Müllexport.[143] Dabei handelt es sich auch um unfassbar hohe Summen, die jene durch Umweltkriminalität entstandenen Schäden mit sich bringen. Zwischen 110 und 281 Milliarden Dollar Erträge pro Jahr sollen durch Umweltdelikte erzielt werden. Die Auswirkungen solcher Delikte beschäftigen Staaten oft jahrelang.[144] Auch in Österreich wurden in den vergangenen Jahren immer wieder Fälle von Umweltdelikten aufgedeckt, unter anderem der illegale Export von Plastikmüll ins Ausland.[145]

Viele Staaten haben diesen Kampf gegen Umweltkriminalität bereits aufgenommen. Frankreich hat als eines der ersten Länder den »Ökozid« als Straftatbestand eingeführt. Dabei soll besonders hart gegen Umweltdelikte, wie zum Beispiel Flussverschmutzung, vorgegangen werden. Bei einem Verstoß drohen bis zu zehn Jahre Haft sowie Bußgelder von bis zu 4,5 Millionen Euro.[146] Im Sommer 2022 verkündete der französische Innenminister außerdem, es würden bei der Gendarmerie 3.000 neue Stellen für Ökopolizisten und -polizistinnen geschaffen werden, die besonders gegen Umweltdelikte zum Einsatz kommen und deren Aufklärung vorantreiben sollen.[147]

Auch in Deutschland wird das Thema der Umweltkriminalität intensiv diskutiert. So hat das Bundesland Nordrhein-Westfalen unter anderem beschlossen, eine eigene Schwerpunktstaatsanwaltschaft für Umweltverbrechen einzurichten. Diese Maßnahme sei notwendig geworden, da die vergangenen Jahre gezeigt hätten, dass eine effektive Verfolgung der Umweltkriminalität besonderes Fachwissen und besondere Kompetenzen in diesem Bereich erfordern würde, und ebenso die notwendigen personellen Ressourcen.[148] Auch auf europäischer Ebene wird ein härteres Vorgehen gegen Umweltverbrechen seit einigen Jahren debattiert. Im Dezember 2022 beschlossen die EU-Justizminister eine erste Verschärfung des Umweltstrafrechts. Damit wurde illegale Müllentsorgung oder der Handel mit illegal geschlägertem

Holz in der Europäischen Union unter Strafe gestellt.[149] Eine wichtige Maßnahme, der noch weitere auf nationaler Ebene in Österreich folgen sollten. Dabei geht es nicht nur darum, die rechtlichen Rahmenbedingungen anzupassen, sondern auch die notwendige Infrastruktur zur Verfügung zu stellen, um entsprechende Delikte konsequent ahnden zu können, aber auch um dafür Sorge zu tragen, Umweltverbrechen, so gut es geht, zu verhindern.

Das konsequente Vorgehen gegen solche Umweltverbrecher ist nicht nur für den Schutz unserer Umwelt ausschlaggebend. Es bedeutet auch, als Gesellschaft den Fokus auf den richtigen Bereich zu legen. Anstatt darüber zu philosophieren, welche Verbote es für Menschen in ihrem täglichen Leben braucht, welche Essens- oder Mobilitätsvorschriften notwendig wären, sollten wir nicht nur unseren Blickpunkt auf das Entwickeln neuer Technologien legen, sondern auch diejenige strafen und zur Kasse bitten, die es tatsächlich verdient haben. Das ist nicht nur effektiver Schutz unserer Schöpfung, sondern das ist die Gerechtigkeit, die wir in unserem Land so dringend benötigen.

Erzählungen von Naturkatastrophen, Sintfluten, Klimaveränderungen und anderen Herausforderungen, die uns die Natur bescheren kann, gibt es in unserer Geschichte unzählige. Ihren Ursprung nehmen viele davon im Alten Testament, als Noah eine Arche baute, um das Überleben von Mensch und Tier vor einer großen Flut zu retten. Ob es diese Flut in dieser Tragweite tausende Jahre vor Christi Geburt tatsächlich so gegeben hat – darüber sind sich viele Forscher uneinig.[150]

Doch egal, ob sie nun eine Überlieferung, die sich auf reale Begebenheiten stützt, oder nur Sinnbild ist, die Geschichte der Arche Noah sollte uns trotzdem in unserem eigenen Handeln leiten und uns immer daran erinnern, dass wir alle auch eine Verantwortung für uns, für kommende Generationen und für unseren Planeten haben. Auf diesem Planeten gestalten wir unser Leben, wir bauen uns unsere Erfolge und Misserfolge darauf auf, wir schmieden Pläne für uns und unsere Familien, und wir versuchen, diesen Planeten so zu gestalten, wie wir es für richtig halten. All das ist gut so, dabei sollten wir nur nie vergessen, auch auf den Planeten zu achten, der uns all das ermöglicht. Und dafür wird es auch ein paar neue Wege brauchen, die wir beschreiten müssen. Damit es uns nicht so geht wie Noah und wir uns am Ende eine Arche bauen müssen. Wir wollen keine Sintflut – weder vor uns noch nach uns.

8 | ECHT. UNGERECHT

Als Kind las ich am liebsten Bücher von Astrid Lindgren. Mein absolutes Lieblingsbuch war »Die Kinder aus Bullerbü«. Ich habe es bestimmt ein Dutzend Mal gelesen. Schwer zu sagen, was an dem Buch für mein jüngeres Ich so begeisternd war. Die Idylle, die verhältnismäßig kleinen Abenteuer, die die Protagonisten erleben, oder der schwedische Charme, der einen durch das ganze Buch begleitet. In jedem Fall zeichnet es eine Welt, in der es an kaum etwas fehlt, in der Gerechtigkeit und Anstand die Menschen antreiben und es keine Ausbeutung, keinen Neid und auch keine Armut gibt. Eine perfekte kleine Welt.

Wir alle wünschen uns vermutlich, dass diese Welt real wäre und nicht nur die fiktive Geschichte eines kleinen schwedischen Dorfes mit drei Familien. Doch die Realität gestaltet sich natürlich in vielen Aspekten völlig anders. Trotzdem ist es vermutlich das Ziel hinter unser aller Handeln, einen ähnlichen Zustand zu erreichen – zumindest für die Politik ist es das. Wahrscheinlich würde jeder Politiker davon sprechen, dass er sich für eine gerechte und anständige Welt einsetzt, in der jeder sein persönliches Glück aufbauen, zufrieden mit seiner Familie leben kann, und in der es keinem von uns an etwas fehlt.

Der Weg zur Erreichung dieses Ziels ist dann aber doch für viele von uns unterschiedlich. Ausschlaggebend dabei ist, was genau wir unter einer gerechten Welt oder einem gerechten Österreich verstehen. Meiner Meinung nach wird das Wort Gerechtigkeit in den letzten Jahren in der politischen Auseinandersetzung dazu missbraucht, um ständig schreiende Ungerechtigkeit zu rechtfertigen. Etwas, das mich die letzten Jahre oft sehr stark irritiert hat. Die Politik heftet sich auf die Fahnen, für mehr Gerechtigkeit zu sorgen, und macht oft das genaue Gegenteil davon, indem sie am Ende die belastet, die eh immer bezahlen müssen.

> *Denn diese angebliche Gerechtigkeit für einige wenige hat für viele andere in diesem Land einen hohen Preis.*

Bevor wir uns jedoch diesem Umstand im Detail nähern, sehen wir uns zuerst an, was wir tatsächlich unter Gerechtigkeit verstehen können. Für den US-amerikanischen Philosophen John Rawls gibt es zwei zentrale Grundsätze der Gerechtigkeit. Das sind folgende:
»1. Jedermann soll gleiches Recht auf das umfangreichste System gleicher Grundfreiheiten haben, das mit dem gleichen System für alle anderen verträglich ist.
2. Soziale und wirtschaftliche Ungleichheiten sind so zu gestalten, dass (a) vernünftigerweise zu erwarten ist, dass sie zu jedermanns Vorteil dienen, und (b) sie mit Positionen und Ämtern verbunden sind, die jedem offen stehen.«[151]
Gerechtigkeit ist also etwas, was ein System schafft, das für alle Menschen die gleichen Freiheiten und im besten Fall auch die gleichen Vorteile bietet. Dabei gibt es unterschiedliche Aspekte, die dieses System ausmachen. Für Rawls sind diese relativ umfassend zu verstehen. »Vieles nennt man

gerecht oder ungerecht: nicht nur Gesetze, Institutionen und Gesellschaftssysteme, sondern auch die verschiedensten Handlungen, z. B. Entscheidungen, Urteile und moralische Bewertungen. Auch Einstellungen und Verhaltensweisen von Menschen, wie auch diese selbst, nennt man gerecht oder ungerecht.«[152]

In jedem Fall ist Gerechtigkeit etwas, das schwer messbar ist. Für jeden bedeutet Gerechtigkeit etwas anderes. Jeder von uns ist durch seine Herkunft, seine Erziehung und sein soziales Umfeld geprägt und empfindet deshalb etwas anderes als gerecht oder eben ungerecht. Gerade im Fall der Gerechtigkeit trifft wohl eines zu 100 Prozent zu: Der Standort bestimmt den Standpunkt. Nichtsdestotrotz gilt es gerade in der Politik, persönliche Herangehensweisen an dieses Thema, so gut es geht, auszublenden und dafür zu arbeiten, Gerechtigkeit für die breite Masse der Bevölkerung herzustellen.

Der indische Nobelpreisträger Amartya Sen formuliert es so: »… im Zentrum muss immer die Forderung stehen, dass wir in unseren Wertungen Voreingenommenheit vermeiden, dass wir die Interessen und Anliegen anderer mit berücksichtigen und vor allem darauf achten, uns nicht von unseren eigenen erworbenen Vorrechten, persönlichen Prioritäten, Exzentrizitäten oder Vorurteilen beeinflussen lassen.«[153] Etwas, was zum Beispiel in der Klimadebatte oft vergessen wird, wie wir bereits gesehen haben. Aktivisten, die ihr ganzes Leben lang in Wien gewohnt und die U-Bahn vor der Haustüre haben, können leicht davon sprechen, den Individualverkehr abschaffen zu wollen – ein Pendler aus dem Südburgenland kann das nicht.

Ein faires System zu schaffen, das die Schwachen unterstützt, so gut es geht, und allen die Möglichkeit bietet, sich nach bestem Vermögen zu entfalten, das muss das politische Ziel sein. Ein zugegeben nicht immer leichtes Unterfangen. Und gerade in politischen Diskussionen merken wir, wie fundamental unterschiedlich die Schlagworte »fair« und »gerecht« verstanden werden können. Darüber hinaus ist das Streben nach Gerechtigkeit natürlich auch etwas, das sich im Laufe der Zeit verändern kann. Es ist ein Prozess, den wir stets neu hinterfragen müssen und wo wir innerhalb unseres Systems regelmäßig nachjustieren sollten, wenn wir merken, dass neue Ungerechtigkeiten entstehen.

Wie empfinden wir Österreicher eigentlich die Gerechtigkeit in unserem eigenen Land? Die Zahlen zeigen uns, dass das Gerechtigkeitsempfinden der Österreicher durchaus kritisch ist. Eine Umfrage, die 2020 zur sozialen Gerechtigkeit in Österreich durchgeführt wurde, ergibt, dass 55 Prozent der Befragten Ungerechtigkeit empfinden und die sozialen Unterschiede im Land als nicht gerecht wahrnehmen. Nur 13 Prozent sehen die sozialen Unterschiede als überwiegend gerecht an.[154] Auch eine relativ aktuell durchgeführte Umfrage des »Standard« besagt, dass etwa 66 Prozent der Befragten der Meinung sind, dass es in Österreich nicht gerecht zugehe. Zwar gibt die Mehrheit an, in ihrem persönlichen Leben meist Gerechtigkeit erlebt zu haben, doch von der Politik fühlen sich die meisten trotzdem nicht angemessen und gerecht behandelt.[155]

Woran liegt nun dieses vorherrschende Gefühl der Ungerechtigkeit? In erster Linie wohl daran, dass wir gerade in der politischen Auseinandersetzung und in der öffentlichen Diskussion ein falsches Verständnis von Gerechtigkeit vermittelt bekommen. Für viele politische Vertreter stellt Gerechtigkeit ein Synonym für »Gleichheit« dar. Und genau das ist der Fehler. Auch Gerhard Schwarz stellt in einem Bericht in der NZZ fest, dass die Gleichsetzung von Gerechtigkeit mit Gleichheit »zu den verheerendsten gedanklichen Fehlentwicklungen der letzten Jahrzehnte« zählt. Denn eine staatlich hergestellte und erzwungene Gleichheit aller Individuen in einem Land fördert am Ende genau das Gegenteil – nämlich Ungerechtigkeit.[156]

Gerade linke Parteien sprechen immer davon, dass »alle gleich viel bekommen sollen« – egal, ob es sich da um den Klima- oder Familienbonus handelt oder um andere staatliche Leistungen. Ob die Betroffenen davor auch entsprechend in das System einbezahlt haben, und in welcher Höhe sie jedes Monat Steuern leisten, das wird dann gerne unter den Teppich gekehrt. Und das Ergebnis solcher Politik ist am Ende dann, dass gerade die, die ohnehin schon jedes Monat draufzahlen, die Rechnung dafür begleichen müssen, dass andere, die das nie tun, genauso viel wie sie selbst bekommen. Wie kann dieses Streben nach Gleichheit also jemals gerecht sein?

Das Märchen von der sozialen Gerechtigkeit

In den vorigen Kapiteln dieses Buches habe ich bereits viele Punkte aufgezeigt, die alle meinem Streben nach Gerechtigkeit und meinem Verständnis von gerechter Politik entsprechen. Egal, ob das die Entlastung von Familien, die Förderung des ersten Eigenheims, eine konsequente Migrationspolitik oder ein zukunftsorientierter Klima- und Umweltschutz sind – all das sind in meinen Augen Bestandteile einer gerechten Politik. In diesem Kapitel möchte ich aber trotzdem noch auf ein paar konkrete Punkte eingehen, die gerade in der öffentlichen Debatte immer wieder als Synonyme für unser gerechtes System in Österreich verwendet werden. Und das meiner Meinung nach zum Teil zu Unrecht. Denn in meinem Befund gibt es eine Reihe von geschaffenen Systemen und Gesetzen, die mehr als ungerecht sind. Verteidigt werden diese Maßnahmen von Institutionen, deren Aufgabe es eigentlich wäre, solche Ungerechtigkeiten zu vermeiden.

Eines der besten Beispiele dafür ist wohl das System der Mindestsicherung in der Stadt Wien. Ein System, das jeden Monat dafür sorgt, dass die ohnehin schon große Ungerechtigkeit in dieser Stadt jedes Jahr weiter zunimmt. Während sich einzelne Vertreter in Wien vielleicht auf die Fahnen heften mögen, sie würden für eine soziale Gerechtigkeit eintreten, ist leider genau das Gegenteil der Fall. Wien gibt mehr Mittel für die Mindestsicherung aus als alle anderen Bundesländer in Österreich zusammen. Das bedeutet, dass 60 Prozent aller Mindestsicherungsbezieher aus Wien kommen, und das obwohl nur 20 Prozent der österreichischen Bevölkerung in Wien lebt.[157]

2021 bezogen 135.649 Menschen die Mindestsicherung in Wien, davon waren 57 Prozent nicht österreichische Staatsbürger. Insgesamt wurden 733,6 Millionen Euro für die Mindestsicherung in Wien ausgegeben.[158] Zwar wurde das Sozialhilfegrundsatzgesetz unter der türkis-blauen Koalition reformiert, doch weigert sich die Stadt Wien auch noch Jahre später beharrlich, dieses Gesetz umzusetzen, und agiert somit offen im Verfassungsbruch. Dabei würde die Regelung des Bundes nicht nur signifikante Kürzungen bei subsidiär Schutzberechtigten vorsehen, sondern zum Beispiel auch Boni für Alleinerziehende.[159]

Doch dieser Umstand ist für die Vertreter der Sozialdemokratie dennoch kein Grund, über eine Anpassung des Wiener Mindestsicherungsgesetzes nachzudenken – ganz im Gegenteil. Bei jeder Gelegenheit wird betont, wie gerecht und fair dieses System sei, und dass es für Wien eine der größten sozialen Errungenschaften darstelle. In der Realität ist die Wiener Mindestsicherung einer der größten Pull-Faktoren für die Zuwanderung in das Wiener Sozialsystem. Eine Studie aus dem Jahr 2020 besagt deutlich, dass beinahe um ein Fünftel mehr Flüchtlinge nach Wien umgezogen sind, nachdem die Sozialhilfe in Niederösterreich 2017 von 837

Euro für Flüchtlinge auf 522 gekürzt wurde. In Wien können sie nach wie vor die Mindestsicherung in voller Höhe beziehen. Im Jahr 2017 sind dann aufgrund dieses Umstandes von 100 Flüchtlingen in Niederösterreich 42 innerhalb der ersten Monate nach Asylzuerkennung nach Wien gezogen. Auch für subsidiär Schutzberechtigte gibt es in Wien die volle Sozialhilfe. Das Ergebnis dieses Systems ist, dass subsidiär Schutzberechtigte um mehr als 10 Prozent zusätzlich in die Hauptstadt ziehen.[160]

Neben diesen nackten Tatsachen, die ein sehr deutliches Bild zeichnen, scheint es darüber hinaus absurd, sich als Stadt ausgerechnet damit zu brüsten, die meisten Menschen in der Mindestsicherung zu beherbergen. Die Mindestsicherung sollte Teil eines sozialen Auffangnetzes sein, für Menschen, die es wirklich brauchen, und kein Beschäftigungsmodell für Zugewanderte. Gerade wenn wir nach sozialer Gerechtigkeit streben, sollten wir uns immer die Frage stellen: Was und wer braucht tatsächlich soziale Absicherung? Und wo endet diese soziale Absicherung? In einer sozialen Hängematte, aus der Menschen nicht mehr rauskommen wollen? Fragen, die sich in Wien kaum jemand zu stellen scheint.

Und heißt das denn, dass alle Menschen in Wien in der Mindestsicherung faul sind? Nein, das sind sie natürlich nicht. Aber die Mindestsicherung soll und muss eine Überbrückungshilfe sein. Etwas, das den Menschen eine Zeitlang eine Unterstützung in ihrem Leben bietet.

> *Die Mindestsicherung darf jedoch niemals die »berufliche Endstation« sein.*

Und das müssen wir nicht nur klar signalisieren, sondern auch einfordern. Uns ständig gegenseitig das Märchen zu erzählen, wir würden mit einem solchen System zur sozialen Gerechtigkeit in unserem Land beitragen, hilft weder den Betroffenen noch gar dem Rest der Bevölkerung. In Deutschland einigte sich die Ampelkoalition Ende 2022 auf ein neues »Bürgergeld«, das unserem System der Mindestsicherung ähnelt.[161] Die Ausgestaltung dieses Bürgergeldes ist in meinen Augen jedoch kritisch zu hinterfragen.

Ähnlich verläuft die Debatte rund um die Ausgestaltung des Arbeitslosengeldes. Während linke Parteien konstant nach einer Erhöhung der Bezüge verlangen, halte ich es für wichtig, gerade jetzt über ein degressives Arbeitslosengeld nachzudenken. Zwar hat sich unser Arbeitsmarkt seit Corona sehr positiv entwickelt, und mit einer Arbeitslosenrate von 6,2 Prozent (Stand November 2022) liegt Österreich im europäischen Spitzenfeld, doch verzeichnen wir eine sehr hohe Anzahl an offenen Stellen und einen sehr großen Arbeits- und Fachkräftemangel in einigen Branchen.[162] Menschen weiter in Beschäftigung zu bringen muss also das eindeutige politische Ziel sein. Und eine Maßnahme dafür könnte ein degressives Arbeitslosengeld sein. Das würde bedeuten, dass die Bezüge zu Beginn des Arbeitslosengeldes etwas höher ausfallen – aktuell sind es 55 Prozent des täglichen Nettoeinkommens[163] – und dann mit der Zeit stufenweise nach unten gehen. Ein Modell, das in anderen europäischen Staaten, wie zum Beispiel Tschechien, bereits zur Anwendung kommt.[164]

Ein besonderes Augenmerk sollten wir hier auf die Quote der Langzeitarbeitslosen richten. Diese lag 2021 bei 24,1 Prozent.[165] Um Langzeitarbeitslose wieder in Beschäftigung zu bringen, sollten wir dringend darüber nachdenken, die Zumutbarkeitsgrenzen zu verändern. Vermittelbare Positionen müssen aktuell ungefähr eine Stunde Fahrzeit vom

Wohnort entfernt sein.[166] Diese Hürde scheint für temporär Arbeitslose noch zu rechtfertigen, für Langzeitarbeitslose, die zum Teil über Jahre nicht in Beschäftigung sind, sollten wir darüber nachdenken, dass diese Grenze generell entfallen sollte und die Betroffenen in ganz Österreich an Stellen vermittelt werden können. Jemand, der in einem Bundesland seit Jahren keinen Job findet, sollte bereit sein, einen passenden Job in einem anderen Bundesland in Österreich anzunehmen. Natürlich sollten wir dabei auch die persönlichen Umstände der Betroffenen im Auge behalten. Doch die bundesländerübergreifende Vermittlung von Arbeitsstellen ist in jedem Fall etwas, was wir stärker forcieren sollten – im Bedarfsfall auch durch Unterstützung beim Umzug und bei der Wohnungssuche.

Die Mindestsicherung und das Arbeitslosengeld sind zwei der zentralen Säulen, auf denen unser Sozialsystem fußt. Sie stellen große soziale Errungenschaften in unserem Land dar. Doch das bedeutet nicht, dass wir sie nicht trotzdem kritisch hinterfragen und an aktuelle Gegebenheiten anpassen sollten. Und bei jeder dieser Überlegungen sollte immer eines im Vordergrund stehen: Wir sind dazu aufgefordert, die Schwächsten der Gesellschaft zu unterstützen und ihnen für einen gewissen Zeitraum Werkzeuge zur Verfügung zu stellen, damit sie sich im besten Fall selbst helfen und wieder auf die Beine kommen können.

Dabei dürfen wir uns auch nicht davor scheuen, gerade Menschen, die erst vor Kurzem zu uns gekommen sind, klar aufzuzeigen, dass sie aus unserem System nur dann etwas bekommen, wenn sie auch bereit sind, dafür etwas zu leisten. Aktuell verzeichnen wir in Österreich rund 35.000 arbeitslose Asylberechtigte.[167] Diese Menschen in Beschäftigung zu bringen ist essentiell – sowohl für die Belastbarkeit unseres Sozialsystems als auch für die Integration dieser Menschen. Dafür müssen wir unser Sozialsystem jedoch so ausgestalten, dass es für Menschen nicht bequemer ist, sich längerfristig bloß in der Mindestsicherung aufzuhalten, so wie das in Wien der Fall ist. Diesen Umstand einfach achselzuckend hinzunehmen ist echt ungerecht.

Vor dem Verteilen kommt das Erwirtschaften

Um auch nur im Ansatz von sozialer Gerechtigkeit sprechen zu können, um davon sprechen zu können, Mittel gerecht zu verteilen, müssen wir uns allerdings ansehen, was die Voraussetzung dafür ist. Alles, was wir als Staat verteilen, muss vorher von jemandem erwirtschaftet werden. Und alles, was erwirtschaftet wird, wird in unserem Land besteuert. Manches davon mehr und manches weniger. Und einiges davon nicht so fair, wie es eigentlich sein sollte.

Vor allem bei einer Frage wird die Debatte oft sehr emotional – nämlich wenn wir darüber sprechen, wie wir die Kosten und den Aufwand unserer sozialen Gerechtigkeit gegenfinanzieren wollen. Linke Parteien haben darauf reflexartig immer eine einzige Antwort: die Einführung von Erbschafts- und Vermögenssteuern. Abgesehen davon, dass dieser leistungsfeindliche Zugang genau das befeuert, was wir eigentlich nicht wollen, dass es insbesondere für junge Menschen dadurch immer sinnloser scheint, sich selbst etwas aufzubauen, ist es auch eine Forderung, die den Mittelstand besonders hart treffen würde.

Vermögen ist grundsätzlich etwas, das im Laufe des Lebens erwirtschaftet und aufgebaut wird. Ja, für manche geht das leichter, und für andere ist es härter, sich etwas aufzubauen. Aber am Ende arbeitet gerade der Mittelstand jeden Tag sehr hart dafür, sich sein Vermögen – in welcher Form auch immer – zu erwirtschaften. Und um dies zu ermöglichen, müssen wir den Menschen auch den Raum und die Mittel dazu zur Verfügung stellen, zum Beispiel durch Unterstützung beim Erwerb von Eigentum. Was wir allerdings auf keinen Fall tun sollten, ist ihnen durch zusätzliche Steuern – wie etwa Vermögens- oder Erbschaftssteuern – diesen Aufbau zusätzlich zu erschweren oder gar zu verunmöglichen.

> *Was sich eine Familie über Jahrzehnte hart aufgebaut hat, darf der Staat nicht zerstören, indem er noch einmal Steuern darauf einhebt.*

Das Haus der Familie beispielsweise, das unter großen Mühen errichtet und in Stand gehalten wurde, kann heute auf einmal so viel wert sein, dass nach Bestrebungen linker Parteien dann eine Erbschaftssteuer darauf entfallen würde. Sollten die Erben das nicht finanzieren können, müssten sie das Haus im schlimmsten Fall verkaufen. Das Gleiche würde auch für Familienunternehmen gelten, die vor der Übergabe an die nächste Generation stehen.[168]

Langfristige Folgen solch einer Erbschafts- oder Vermögenssteuer wären darüber hinaus, dass gerade Unternehmen schnell abwandern würden. In der EU gibt es einige Länder, in denen es keine Erbschaftssteuern gibt. Seinen Unternehmenssitz dorthin zu verlagern, wäre also ein Leichtes und für viele Unternehmen wesentlich rentabler. Für den Wirtschaftsstandort Österreich wäre das allerdings ein massiver Schaden.[169] Abgesehen davon ist die Steuerlast in Österreich ohnehin schon exorbitant hoch. Gerade wenn es um Steuern auf den Faktor Arbeit geht, liegt Österreich im internationalen Spitzenfeld. Das zeigen auch einige Studien. Bei einem Vergleich der OECD weist Österreich bei der Steuer- und Abgabenquote den dritthöchsten Wert auf. Nur Belgien und Deutschland liegen vor uns.[170]

Und auch diese Last trifft vor allem »die Mitte« der Bevölkerung. In einer Publikation der Agenda Austria attestieren die beiden Autoren Hanno Lorenz und Dénes Kucsera, dass insbesondere die Mittelschicht das Sozialsystem in Österreich finanziert, und damit in erster Linie unseren Wohlstand trägt. Im internationalen Vergleich hat Österreich dankenswerterweise eine relativ breite Mittelschicht. Rund zwei Drittel aller Österreicher gehören zu dieser viel zitierten »Mitte«. Doch der Kampf für diese Mittelschicht werde stetig härter – gerade vor dem Hintergrund der anhaltenden Krise der letzten Jahre. Die Antwort auf diese Herausforderung könne nur eine Senkung der Steuerlast sein.[171]

Zu einem großen Teil ist die Mittelschicht also der Nettozahler unseres Sozialsystems. Das bedeutet, der Staat profitiert von den Einnahmen der Mittelschicht, und die Mittelschicht zahlt sich ihr Sozialsystem weitestgehend selbst.[172] Dieser Mittelschicht durch eine Senkung der Steuerlast mehr Luft zum Atmen zu geben, ist also das mindeste, was wir tun sollten. Laut Berechnungen der Agenda Austria zählt man in Österreich bereits ab einem Bruttojahreseinkommen von knapp 50.000 Euro zum obersten Viertel der Einkommensbezieher. Und diese Leistungsträger zahlen drei Viertel der Lohnsteuer in Österreich.[173] Zwar wird diese Gruppe durch die Abschaffung der kalten Progression nun in Zukunft entlastet, doch sollten wir uns gerade in diesem Bereich weiter anschauen, welche Maßnahmen und Steuersenkungen wir vornehmen können und sollten, um die betroffenen Menschen weiter zu entlasten. Immerhin finanzieren sie unser Sozialsystem.

Egal, wie wir es drehen und wenden, am Ende geht es

dabei vor allem darum, dass Arbeit sich für diese Menschen wieder lohnen muss – so wie bereits an anderer Stelle dargestellt. Es muss sich wieder lohnen zu leisten und zu arbeiten. Zum Beispiel, indem Überstunden steuerfrei sind und wir weitere Anreize schaffen, warum Menschen mehr leisten, als von ihnen verlangt wird. Es muss sich wieder lohnen, sich etwas aufzubauen. Zum Beispiel, indem wir Menschen ermöglichen, sich ein Eigenheim zu schaffen und dieses dann nicht für nächste Generationen mit neuen Steuern belasten. Es muss sich auch lohnen, in der Pension etwas zusätzlich zu leisten und sich damit etwas dazuzuverdienen. Zum Beispiel, indem wir Pensionisten im Rahmen ihres Zuverdienstes in der Pension die Pensionsversicherungsbeiträge erlassen. All das wären Maßnahmen, die zu einer tatsächlichen Gerechtigkeit beitragen und nicht einen von Gleichheit getriebenen Einheitsbrei befeuern.

Soziale Gerechtigkeit muss Grenzen kennen

Während wir einen Teil unserer Gesellschaft immer weiter belasten und stillschweigend hinnehmen, dass die Möglichkeiten für diesen Mittelstand, sich zum Beispiel Eigentum oder Vermögen aufzubauen, immer geringer werden, verteilen wir an anderer Stelle Sozialleistungen an Menschen, die selbst noch nichts in unser Sozialsystem einbezahlt haben. Und genau dafür ist leider auch der Klimabonus ein Beispiel. Die ursprüngliche Ausgestaltung des Klimabonus, wonach Menschen einen gestaffelten Zuschlag je nach Wohnort bekommen, um die Kosten der CO_2-Steuer zu kompensieren, ist noch nicht das Problem.

Im Zuge der politischen Debatte rund um Anti-

Teuerungsmaßnahmen im Laufe des Jahres 2022 wurde aus dem Klimabonus jedoch ein 500-€-Blankoscheck für jeden Österreicher – unabhängig von Wohnort, Einkommen oder sonstigem Vermögen. Dieses Konzept an sich ist schon nicht gerecht. Denn wieso sollte eine sechsköpfige Familie genauso viel bekommen wie ein Millionär? Wieso bekommen Spitzenverdiener genauso viel wie Mindestpensionisten? Dass aber auch Asylwerber, die womöglich gar nicht in Österreich bleiben, das Gleiche überwiesen bekommen wie jeder arbeitende Steuerzahler in unserem Land, das ist tatsächlich nicht zu erklären.

In der hitzigen Debatte, die im Herbst 2022 rund um den Klimabonus entbrannte, echauffierten sich viele, dass es beim Klimabonus für Asylwerber nur um wenige Prozent der Gesamtsumme gehe und im Verhältnis eine verschwindend kleine Menge an Beziehern betreffe. Das mag sein, aber das ist nicht der springende Punkt. Es ist egal, ob es 50 Prozent oder 10 Prozent der Gesamtbevölkerung ausmacht oder ob es vielleicht nur zehn Personen sind, die am Ende diesen Klimabonus erhalten. Es gibt schlicht keinen Grund, dass wir Asylwerber zusätzlich zur Grundversorgung mit diesen Summen unterstützen.

> *In der Politik muss es auch darum gehen, welche Signale wir setzen.*

Und dieses Signal ist ein fatales.

In vorigen Kapiteln habe ich bereits über Pull-Faktoren geschrieben, die es in jedem Fall zu vermeiden gilt – insbesondere wenn wir keine Zuwanderung in unser Sozialsystem möchten. Und eben solche Pull-Faktoren schaffen wir mit der Mindestsicherung in Wien, aber auch mit dem Klimabonus. Dabei sollten wir es für Asylwerber so unbequem wie möglich machen. Österreich ist aufgrund seines Sozialsystems, wie wir gesehen haben, ohnehin schon ein beliebtes Zielland. Das sollten wir auf keinen Fall mit weiteren Zuckerln versehen.

Es stimmt natürlich, der Klimabonus ist nur eine verhältnismäßig kleine Maßnahme in einem Sozialstaat, der jeden Monat unfassbar viele Mittel ausschüttet – und vieles davon hat auch absolut seine Berechtigung. Doch in meinen Augen steht der Klimabonus für wesentlich mehr. Er ist das Beispiel für ein System, das vergessen hat, darauf zu schauen, welche Zielgruppen tatsächlich durch einen Sozialstaat unterstützt werden sollten und welche nicht. Dafür mag es sicherlich noch einige andere Beispiele geben, doch gerade der Klimabonus zeigt uns, welche Dimension die öffentlichen Debatten einzelner Eliten in den letzten Monaten erreicht haben und in welchen politischen Maßnahmen das am Ende gipfelt.

Für diese Debatten und dieses System kann man nicht einzelne Personen verantwortlich machen. Diese Entwicklung hat sich bereits in den letzten Jahrzehnten in unserem Land angebahnt, und viele gesellschaftliche Institutionen haben dazu beigetragen. Doch spätestens jetzt sollten wir dringend anfangen, die Folgen kritisch zu hinterfragen und eine Kurskorrektur vornehmen.

Das bedeutet, wir müssen uns genau anschauen, wofür wir unser Geld ausgeben. Und das ohne uns gegenseitig ständig mit dem moralischen Zeigefinger zu attackieren. Das bedeutet auch, wir sollten uns ansehen, welche Bereiche wir mit staatlichen Mitteln fördern, die oft nicht ganz oben auf der Tagesordnung der politischen Debatte stehen. Bereiche, über die wir kaum sprechen und die oft durchrutschen.

Blicken wir zum Beispiel in unsere Gefängnisse, dann sehen wir auch hier einige Zahlen, die einer dringenden Prüfung bedürfen. Insgesamt 22.758 Personen waren von Jänner 2021 bis Oktober 2022 in Österreich in Haft. Davon waren mehr als die Hälfte, genauer gesagt 12.515, keine österreichischen Staatsbürger. Rechnen wir das pro Monat, dann waren in den letzten Monaten zwischen 9.080 und 9.648 Häftlinge in den Gefängnissen. Für Häftlinge fallen dabei pro Hafttag in den letzten drei Jahren etwa 144 bis 151 Euro an Kosten an.[174] Ein Teil wird davon zwar von den Häftlingen selbst getragen, da ein Teil ihres Arbeitslohns als Kostenbeitrag einbehalten wird, doch den überwiegenden Aufwand finanziert der Staat.

Einerseits können wir bei diesen Zahlen stolz sagen, dass unsere Polizei eine sehr gute Arbeit leistet und unsere Exekutive offensichtlich funktioniert, allerdings zeigen uns diese Zahlen genau das Problem auf, das wir schon in einigen anderen Bereichen in diesem Buch angesprochen haben: Wir haben kaum Kontrolle darüber, wer in unser Land kommt, und müssen dann hier – mit teils straffällig gewordenen Zuwanderern – mit unserem Steuergeld die Unterbringung und Versorgung dieser Menschen finanzieren. Die Ursache dafür ist die Politik einer Europäischen Union, die nicht nur in Bereichen der Migration massiv versagt, und ein Asylsystem, das schon lange nicht mehr zeitgemäß ist, sondern leider auch viele andere Ungerechtigkeiten, die mit unserer Staatengemeinschaft in den letzten Jahren einhergehen.

Am Ende bezahlen immer die Gleichen

Und damit sind wir bei einem entscheidenden Thema, das unbedingt seinen Platz in diesem Kapitel finden muss: Gerechtigkeit innerhalb Europas. Abseits der illegalen Migration gibt es in Europa nämlich einige andere Bereiche, die für

Staaten wie Österreich und für Teile der Bevölkerung große Ungerechtigkeiten produzieren. Keine Frage, die Europäische Union bietet uns viele Freiheiten und stellt eine Reihe von Errungenschaften für uns sicher – angefangen von der Reisefreiheit bis hin zur Zollunion und dem freien Markt. Wir alle und auch ich selbst genießen diese Freiheiten. Wir profitieren davon als Österreich, und jeder Einzelne von uns spürt die Vorteile vermutlich in seinem Alltag.

Doch auf der anderen Seite merken wir gerade in den letzten Jahren auch die Schattenseiten, die dieses System mit sich bringt. Durch unser gut ausgebautes Sozialsystem sind wir nicht nur ein beliebtes Zielland für Menschen auf der Flucht, sondern auch der Sozialtourismus innerhalb der Europäischen Union ist ein Faktor, den wir berücksichtigen müssen. Mir ist dabei klar, dass der Begriff »Sozialtourismus« ein durchaus umstrittener ist. Doch ich wähle ihn hier in diesem Zusammenhang ganz bewusst, da ich es für notwendig erachte, diesen Umstand – der gerne unter den Tisch fallen gelassen wird – deutlich anzusprechen. Etwas, das sonst natürlich kaum jemand innerhalb der EU benennen möchte, weil das für viele andere in Europa ein durchaus bequemer Umstand ist. Darüber hinaus sehen wir, dass Österreich einer der größten Nettozahler innerhalb der EU ist.

Wer bezahlt denn nun sowohl die Kosten für unser Sozialsystem und die Steuern, die wir am Ende des Tages an die EU übermitteln? Ja, ganz richtig, der Mittelstand in Österreich. Genau dieser Teil der Bevölkerung, der eben zwei Drittel unseres Landes ausmacht. Diese Menschen genießen sicherlich viele Freiheiten und Vorzüge der EU, aber wir zahlen auch einen hohen Preis dafür. Und durch diesen hohen Preis könnte man meinen, dass damit ein Mitspracherecht einhergeht, oder die EU Österreich bei Herausforderungen – wie zum Beispiel der illegalen Migration – unterstützen würde. Aber das passiert nicht. Das hat nichts mit Österreich zu tun, sondern mit einer EU, die leider bei vielen großen Fragen versagt und umgekehrt dazu neigt, sich bei kleinen Fragen durch überbordende Bürokratie zu beweisen.

Und zu Recht ist das doch etwas, was viele Menschen in der Bevölkerung aufregt.

> *Denn Solidarität und Gerechtigkeit – auch in Europa – dürfen nichts Einseitiges sein, sodass lediglich Österreich immer weiter draufzahlt, während wir bei vielen anderen Fragen alleine gelassen werden.*

Das ist kein Populismus, das sind Fakten, die wir in vielen Bereichen beobachten können.

Zum Beispiel sehen wir, dass wir innerhalb der EU noch immer nicht die Steuergerechtigkeit haben, die sich die Bevölkerung verdient hat. Einer Studie aus dem Jahr 2021 zufolge sollen Konzerne wie Microsoft, Alphabet, Netflix, Meta (dazu gehört zum Beispiel die Social Media Plattform Facebook), Amazon und Apple in den Jahren 2011 bis 2020 um 149 Milliarden Dollar weniger Steuern gezahlt haben, als sie in den jeweiligen Ländern, in denen sie aktiv sind, eigentlich müssten.[175] Während jedes Unternehmen in Österreich, jeder Familienbetrieb seine Steuern an den Staat abzuleisten hat, schafft Europa es noch immer nicht, eine europaweite Regelung für solche internationalen Digitalkonzerne zu finden, die diesen die Stirn bietet und für eine faire Besteuerung sorgt. Zwar hat Österreich mittlerweile eine eigene Regelung dafür beschlossen, doch wäre eine europaweite Lösung dennoch wesentlich sinnvoller, und somit auch wünschenswerter.[176]

Unglaublich ungerecht ist auch die Debatte rund um die Anpassung der ausbezahlten Familienbeihilfe an das Einkommensniveau im jeweiligen Land. Meiner Meinung war das eine der mit Abstand gerechtesten Maßnahmen, die von politischer Seite aus in den letzten Jahren gesetzt werden konnte. Wieso sollten denn Kinder aus anderen Ländern im Verhältnis zu Kindern, die hier in Österreich leben, überproportional viel Unterstützungsleistungen ausbezahlt bekommen? Sollte das System eines Sozialstaates nicht genau darauf fußen, dass diese Auszahlungen gerecht und fair aufgeteilt sind? Dass der Europäische Gerichtshof dieses Gesetz gekippt hat, ist zu akzeptieren.[177] Dennoch sollten wir dringend eine Debatte darüber führen und hinterfragen, inwieweit Mittel, die wir staatlich auszahlen und die am Ende von jedem Steuerzahler in diesem Land finanziert werden, teilweise so ungerecht verteilt werden können.

Die Ausbeutung von Frauen mitten in Europa

Neben diesen großen Fragen der sozialen Gerechtigkeit versagt Europa auch in menschlicher Hinsicht jedes Mal aufs Neue. Denn wir sehen, dass Europa es seit Jahren nicht schafft, dem Menschen- und Frauenhandel auf unserem Kontinent einen Riegel vorzuschieben. Und hier spreche ich nicht nur von Flucht. Ich spreche von tausenden – meist jungen – Frauen, die jedes Jahr verschleppt und in die Prostitution gezwungen werden. Die meisten stammen aus Rumänien und Bulgarien. Diese Frauen versuchen der Armut in ihren Herkunftsländern zu entkommen und landen dann durch das brutale Vorgehen von Menschenhändlern und Zuhältern in unseren Bordellen.[178]

Im Rahmen eines sozialen Projektes der Jungen ÖVP, bei dem wir Schulsachen für bedürftige Kinder im Kosovo und in Rumänien gesammelt haben, war ich vor ein paar Jahren in einigen abgeschiedenen Dörfern in Rumänien unterwegs. Dort spürt man die Schattenseiten dieses Systems an jeder Ecke. Nicht nur Kinder werden in den Westen Europas geschickt, um hier zu betteln, sondern vor allem die Frauen werden von Zuhältern in Bordelle – zum Teil auch im Westen Europas – geschickt, um dort schnelles Geld zu verdienen. Es handelt sich um unfassbare Ausbeutung, von der viele in Europa wissen, ohne sie entsprechend zu bekämpfen. Lieber sieht man weg und wirft dann Staaten wie Österreich in der Flüchtlingsfrage unmoralisches Handeln vor. Dabei sind gerade flüchtende Frauen oft das Ziel von sexueller Ausbeutung und Zwangsprostitution.[179] Auch dies ist ein gewichtiger Grund, warum wir illegale Migration entschieden bekämpfen sollten und uns für einen effektiven Außengrenzschutz einsetzen müssen.

Mit Sicherheit gäbe es hier noch einige andere Beispiele, die man aufzählen könnte. Es reicht jedoch festzuhalten, dass wir einige große Herausforderungen in Europa haben, die wir dringend angehen müssen, wenn wir von tatsächlicher Gerechtigkeit auf unserem Kontinent sprechen möchten. Überregulierung, zusätzliche Belastungen oder ein konstantes Wegschauen in vielen Fragen – nichts davon, wird dem dienlich sein.

Hinschauen, wo es wirklich notwendig ist

Und worauf sollten wir nun in Österreich unser soziales Gewissen konzentrieren? Auch hier gibt es vermutlich je nach Perspektive eine Reihe von Bereichen, die man sich anschauen sollte. Ich möchte exemplarisch zwei Punkte herausgreifen, die meiner Meinung nach in der öffentlichen Auseinandersetzung zu wenig Beachtung finden – gerade wenn wir von einem gerechten System sprechen wollen und uns das Ziel setzen, ein solches zu schaffen.

So spricht auch Amartya Sen in seinem Buch »Die Idee der Gerechtigkeit« davon, dass gerade Menschen mit Behinderungen in unserer Gesellschaft, häufig »die am wenigsten beachteten« sind. Und das obwohl die Linderung und Prävention von Behinderungen in einer Gesellschaft, die nach Gerechtigkeit strebt, ein zentrales Anliegen sein müsste. Dabei hält er fest, dass die rund 600 Millionen betroffenen Menschen auf der Welt »nicht nur durch ein zu niedriges Einkommen benachteiligt« sind. Sondern auch: »Ihre Freiheit, ein gutes Leben zu führen, ist auf vielfache Weise beschädigt, und die Beschädigungen bringen jede für sich und alle zusammen diese Menschen in Gefahr«[180].

Laut Angaben des Sozialministeriums leben rund 400.000 Menschen mit einem Behindertenpass in Österreich.[181] Andere Zahlen der Statistik Austria sprechen davon, dass 18,4 Prozent der Wohnbevölkerung ab 15 Jahren dauerhaft eingeschränkt ist. Das sind ungefähr 1,34 Mio. Personen.[182]

Diesen Menschen die Möglichkeit für ein selbstbestimmtes Leben zu geben muss also auch für uns ein entscheidendes Ziel sein. Im ersten Schritt bedeutet das, eine Beschäftigungsoffensive für Menschen mit Behinderung auf die Beine zu stellen und Unternehmen gezielt die Aufnahme von Menschen mit Behinderung nahezulegen. Außerdem gilt es, Menschen mit Behinderungen, die in Tageswerkstätten arbeiten und derzeit nur ein Taschengeld bekommen, zukünftig einen tatsächlichen Lohn zur Verfügung zu stellen. Zwar sind die Betroffenen mit dem Taschengeld aktuell unfallversichert, doch sie haben keine eigene Kranken- und Pensionsversicherung und sind bei ihren Eltern mitversichert.[183]

Ein Umstand, der sie nicht nur in der Unselbständigkeit behält, sondern es ihnen auch schwer ermöglicht, sich mit ihrem Geld selbst etwas aufzubauen. Stattdessen sollten sie in Zukunft einen Lohn und auch eine eigene Pension erhalten. Menschen mit Behinderungen durch faire Beschäftigung ein unabhängiges Leben zu ermöglichen, ist nicht nur eine Frage der Gerechtigkeit, sondern auch der Menschlichkeit.

Auch das Thema der Obdachlosigkeit ist eines, das uns mehr beschäftigen sollte. In einem wohlhabenden Land wie Österreich scheint es zum Teil schwer verständlich, dass wir nach wie vor ein Problem mit Obdachlosigkeit haben. Etwa 20.000 Menschen sind aktuell in Österreich obdachlos, die meisten von ihnen junge Männer aus Österreich.[184] Immer wieder wird in diesem Zusammenhang nach »Housing First« gerufen.[185] Ein Modell, das in anderen Ländern bereits zur Anwendung kommt. Dabei werden Obdachlosen ohne konkrete Auflagen Wohnungen vermittelt, um ihnen damit den Wiedereinstieg zu erleichtern. Finnland zum Beispiel strebt an, dass es bis 2027 keine Obdachlosigkeit mehr geben wird. Auch der langfristige Erfolg scheint gegeben zu sein. Etwa 80 Prozent der Personen, an die in Finnland eine Wohnung vermittelt wurde, schaffen es auch nachhaltig, ihre Wohnung zu behalten. Für diese müssen sie auch selbst bezahlen, sofern sie das nicht können, unterstützt der Staat.[186]

Gerade in Wien, wo ebenfalls die Mehrzahl aller Wohnungen in der Hand der Stadt ist, wäre es sinnvoll, über solche Maßnahmen nachzudenken. Natürlich müssen an die Vergabe von kostbarem Wohnraum auch gewisse Kriterien – wie die Aussicht auf Selbsterhaltung und die Inanspruchnahme von medizinischer und psychologischer Betreuung im Bedarfsfall – geknüpft sein.

All das kostet natürlich auch viel Geld.

> *Um uns diese Formen der Gerechtigkeit leisten zu können, müssen wir klare Grenzen setzen und da, wo Gerechtigkeit zu schreiender Ungerechtigkeit wird, Kürzungen vornehmen und die Mittel anders einsetzen.*

Dahinter steht letztlich eine Grundsatzentscheidung, die wir treffen müssen: Wollen wir diejenigen entlasten, die uns das Sozialsystem finanzieren und sicherstellen, dass wir wirklich die Schwächsten unserer Gesellschaft unterstützen, dann müssen wir aufhören, Gleichheit zu propagieren und politische Maßnahmen ständig zu moralisieren. Wir müssen hinschauen, wo Förderungen in falsche, weil ungerechtfertigte Ziele fließen, um dann Geld in die Hand nehmen zu können für jene Menschen, die es wirklich brauchen.

Das mag sicherlich nicht immer einfach sein, und es bedingt, dass wir klare Prioritäten setzen und uns nicht von der moralischen Erhabenheit Einzelner verleiten lassen, falsche Entscheidungen zu treffen. Corine Pelluchon formuliert es so: »Mitgefühl ist weder Moral noch Gerechtigkeit, sondern deren Voraussetzung. Die Moral setzt voraus, dass ich meine Verantwortung wahrnehme; sie impliziert Wahl und Entscheidung.«[187]

Und genau danach sollten wir uns richten. Wir sollten unsere Moral und unser Mitgefühl dafür verwenden, genau da hinzuschauen, wo es notwendig ist und wo es sonst kaum jemand tut, um die Menschen zu unterstützen, die es wirklich brauchen und die genauso bereit sind, umgekehrt ihren Beitrag für unser Land zu leisten. Gleichzeitig müssen wir auch bereit sein, vor dem Hintergrund moralischer

Überlegungen eine Entscheidung zu treffen, wo die Grenzen unseres sozialen Handelns liegen und für welche Fälle wir strengere Regeln des Zusammenlebens brauchen. So funktioniert der Interessenausgleich in einer Gesellschaft, die nach Gerechtigkeit strebt.

Das ist nicht nur eine gesellschaftliche Verantwortung, sondern am Ende auch die ureigenste Aufgabe von Politik. Denn wenn sich die Politik nicht für mehr Gerechtigkeit einsetzt, wofür dann? Und wer sollte es stattdessen tun?

9 | WO BLEIBT UNSER ANSPRUCH?

All die Dinge, die ich in diesem Buch angesprochen habe, sind natürlich nur ein Bruchteil dessen, was wir politisch diskutieren sollten. Es ist nur ein Auszug von einigen Themen aus einem Potpourri an Herausforderungen, denen wir uns stellen sollten. Und es ist ein Potpourri, das natürlich durch meine Erfahrungen der letzten Jahre geprägt ist – die Themen, die mich beschäftigt haben, die in meiner politischen Arbeit eine Rolle gespielt haben, und manche davon sind sicher zu kurz gekommen. Sowohl in meiner Arbeit als auch in der generellen politischen Debatte. Und sicher gäbe es noch viele andere Themen, die wir ansprechen müssen. Angefangen bei der Modernisierung unseres Bildungssystems über die Entstigmatisierung von psychischen Erkrankungen bis hin zu Reformen im Justizbereich. Es gäbe noch sehr viel zu sagen.

Aber all die Themen sind ein bewusst gewählter Auszug, auf den ich den Scheinwerfer lenken möchte. Denn genau das sollten wir gerade in der Politik viel stärker tun. Uns darüber bewusst werden, dass es unsere Aufgabe ist, Probleme zu adressieren, und diese so lange zu diskutieren, bis wir eine Lösung finden, die für die Mehrheit der Bevölkerung die beste Wahl darstellt. Und dabei sind wir den Interessen der Bevölkerung – unserer Wählerinnen und Wähler – verpflichtet, und nicht den selbst definierten moralischen Standards einzelner Meinungseliten.

Eine Bekannte hat mich vor einigen Wochen gefragt, was genau in meinen Augen Politik ausmacht. Und meine Antwort war: »Die Politik kann Probleme aufgreifen und sie zu einem Thema machen. Egal, ob in Opposition oder in der Regierung – die Politik kann den Scheinwerfer so lange auf etwas lenken, bis die Öffentlichkeit darüber diskutiert und bis alle dazu bereit sind, sich in einem Konsens auf eine Lösung zu einigen.« Und hinter dieser Aussage stehe ich zu 100 Prozent. Um das tun zu können, müssen wir aber auch aufhören, uns vor den Reaktionen und der Kritik zu fürchten, die uns unweigerlich treffen können. Wir müssen den Widerspruch aushalten und dürfen Konflikten nicht immer aus dem Weg gehen. Und wir müssen aufhören einzelnen Meinungseliten entsprechen zu wollen, und anfangen tatsächlich eine laute Stimme für jene Menschen zu sein, die uns gewählt haben und als Politik so auch den Diskurs verstehen und prägen.

Die US-amerikanische Aktivistin Gloria Steinem sagte vor ein paar Jahren einmal in einem Interview: »Revolutions that last don't happen from the top down. They happen from the bottom up.«[188] Und auch wenn Steinem das in einem völlig anderen Kontext geäußert hat, erachte ich diese Aussage doch als maßgeblich für viele Dinge, die wir aktuell in unserem Diskurs erleben. Auch wir brauchen eine Revolution. Wir brauchen eine Revolution der Meinungsfreiheit.

Und diese Revolution kann auch nur von uns allen getragen werden. Von jedem und jeder Einzelnen von uns, indem wir anfangen, für unsere Meinung einzustehen. Und wir uns wieder eine eigene Meinung bilden und Meinungen kritisch hinterfragen, anstatt immer nur dem Mainstream zu folgen. Wir müssen aufhören, das zu sagen, was Einzelne hören wollen, sondern müssen dafür arbeiten, was die Bevölkerung tatsächlich braucht, um ein gutes Leben führen zu können.

Mir ist bewusst, dass das oft leichter gesagt als getan ist.

Auch für mich ist es und war es nicht immer leicht. Denn oft wäre es natürlich angenehmer, sich einfach dem Strom unterzuordnen und mitzuschwimmen. Nichts zu hinterfragen und einfach leise zu sein. Das wäre der leichtere Weg. Und ich gebe zu, auch ich habe oft darüber nachgedacht, diesen Weg einzuschlagen. »Lass es einfach sein, Laura. Wozu willst du dir den Aufschrei und all die Kritik eigentlich antun? Wofür kämpfst du da eigentlich?«, sind Aussagen, die ich oft von Freunden und Bekannten in den letzten Monaten gehört habe.

An manchen Tagen war ich auch dazu verleitet, es einfach sein zu lassen. Wieso denn weiterhin für eine gerechte Politik kämpfen, wenn einige wenige es schaffen, den Diskurs immer wieder in eine falsche Richtung zu lenken? Wieso überhaupt noch weiter Politik machen, wenn viele gar nicht mehr hören wollen, was die Politik zu sagen hat?

Dennoch habe ich mich immer anders entschieden und bin meist den Weg gegangen, der oft Kritik und Widerspruch ausgelöst hat – manchmal auch in der eigenen Partei. Kritik, ein reger Meinungsaustausch und das Prüfen von Argumenten, das gehört aber dazu. Das muss in einer Demokratie und in einem politischen System, wie wir es uns auf die Fahnen heften wollen, möglich sein. Demokratie bedeutet immerhin, die Macht geht vom Volk aus. Und dieses Volk müssen wir endlich wieder hören. Wir müssen diesem Volk eine Stimme geben und endlich wieder Politik für dieses Volk machen – ohne nur darauf zu schielen, uns im Licht von linksgeprägten Debatten auf Twitter zu sonnen. Die Politik darf nicht zum Ziel haben, dass einzelne Kommentatoren und Leitartikler darüber entscheiden, was richtig und falsch ist. Die Politik hat nur einem Rechenschaft abzulegen – dem Volk.

Und da müssen wir uns im Grunde nur eine Frage stellen: Wollen wir in einer Gesellschaft leben, die alles und jeden an den Pranger stellt, der es wagt, die Wahrheit auszusprechen? Der es wagt, das zu sagen, was sich die Mehrheit der Bevölkerung denkt, und aus dem veröffentlichten Mainstream auszubrechen?

Nein, ich denke, das wollen wir nicht. Ich für mich weiß zumindest, ich will das auf keinen Fall. Und dafür brauchen wir wieder den Mut, Aussagen zu hinterfragen und Wahrheiten auszusprechen. Tun wir das nicht, obwohl unsere Wähler das von uns erwarten, werden sich Menschen jeglichen Lagers in ihre eigenen Echokammern zurückzuziehen, und wir erleben eine noch tiefere Spaltung in der Gesellschaft. Um zu verhindern, dass in Österreich beide Ränder – sowohl ganz links als auch ganz rechts – immer weiter erstarken, braucht es eine laute, konsequente Stimme in der Mitte.

Und diese Stimme muss ganz ohne Scheuklappen und ohne Angst Unpopuläres aussprechen und versuchen den Diskurs mitzubestimmen, anstatt den Diskurs einfach an sich vorbeirauschen zu lassen und von anderen formulierte Wahrheiten als gegeben hinzunehmen. Dafür müssen wir aber auch bereit sein, den Fokus auf die entscheidenden Fragen unserer Zeit zu legen. Debatten rund um Tempo 100 und die Legalisierung von Cannabis dürfen in unseren Diskussionen höchstens Fußnoten sein.

Wir beteuern zwar regelmäßig, dass Politik der Wettbewerb der besten Ideen ist, aber wir leben es nicht. Denn dann müssten wir einen anderen Anspruch in der täglichen Debatte verfolgen. Was wir oft stattdessen erleben ist nur das Mindestmaß. Wir hören von Kompromissen, von schwachen Ergebnissen und billigem Kuhhandel. Dabei kann Politik so vieles bewegen. Politik kann gestalten. Politik kann ganze Generationen prägen. Stattdessen halten wir uns mit den immer wieder gleichen Debatten auf und erklären einander, was alles nicht geht. Diese Anspruchslosigkeit ist nicht nur lähmend, sie ist auch sinnlos und verantwortungslos. So kann sich keine Gesellschaft zum Besseren verwandeln. Und so können wir kein Land, keine Stadt und auch keine Gemeinde gestalten.

Die deutsche Politikerin Sahra Wagenknecht formuliert es in ihrem Buch »Die Selbstgerechten« so: »Es wird moralisiert statt argumentiert.«[189] Auch wenn ich ihre politischen Ansichten in vielen Punkten nicht teile, stimme ich ihr in dieser Aussage absolut zu. Dieser Befund mag viele frustrieren. Dafür sind allerdings nicht nur Politiker und Parteien verantwortlich. Verantwortlich sind auch Medienvertreter, die sich zuerst darüber beschweren, dass es keine Inhalte gäbe, aber dann selbst nie über diese Inhalte berichten wollen. Verantwortlich sind selbst ernannte Meinungsmacher, die jede Aussage abseits des Mainstreams sofort in der Luft zerfetzen, noch bevor man sich sachlich mit ihr auseinandersetzen konnte. Eigentlich alles ziemlich ermüdend und stumpf.

War es das jetzt also? Sollen wir es einfach bleiben lassen? Nein, keinesfalls. Max Weber schreibt in »Politik als Beruf«, dass drei Qualitäten »vornehmlich entscheidend sind für den Politiker: Leidenschaft – Verantwortungsgefühl – Augenmaß«[190]. Und weiter: »Politik wird mit dem Kopfe gemacht, nicht mit anderen Teilen des Körpers oder der Seele. Und doch kann die Hingabe an sie, wenn sie nicht ein frivoles intellektuelles Spiel, sondern menschlich echtes Handeln sein soll, nur aus Leidenschaft geboren und gespeist werden.«[191]

Max Weber trifft damit meiner Meinung nach ziemlich auf den Punkt. Diese Leidenschaft, die ich für Politik empfinde, habe ich versucht auf den Seiten dieses Buches darzustellen. Denn egal, wie herausfordernd es sein mag, sich für seine Stadt und sein Land einzusetzen, mit anderen Menschen gemeinsam für Veränderung zu arbeiten – und sei sie manchmal noch so klein –, es ist genau das, was den Unterschied für mich ausmacht. Und ich bin damit nicht alleine.

Ich kenne einige politisch aktive Personen meiner Generation, die ebenfalls genau diesen Anspruch haben. Die gibt es natürlich auch bei anderen Parteien, aber ich habe viele davon in den letzten Jahren in der Volkspartei kennengelernt. Manche davon darf ich sogar meine Freunde nennen. Zum Teil trennen uns auch inhaltliche Punkte, aber eines eint uns alle: Wir glauben daran, dass es besser geht.

Ich bin stolz darauf, einer Generation von politisch engagierten Menschen zu entstammen, die sich nicht mit dem Ist-Zustand zufrieden gibt, sondern versucht, das Beste herauszuholen und eben genau diesen Anspruch stetig zu erhöhen. Jeder von uns tut es auf seine Weise und in seinem Verantwortungsbereich. Bei manchem von uns ist es sichtbarer, bei anderen geschieht es mehr im Hintergrund. Aber wir kämpfen alle für das Gleiche – für eine Politik, die sich wieder an den Interessen und Bedürfnissen der Wähler orientiert. Manche werden sicherlich einige meiner Sichtweisen und Forderungen in diesem Buch kritischer sehen, sie werden meine Meinung nicht teilen und sie hinterfragen. Wir werden vermutlich rege Diskussionen darüber führen. Und genau so soll es auch sein. Ich freue mich darauf!

Am Ende des Tages braucht es meiner Meinung nach immer Menschen, die bereit sind, unsere Gesellschaft konstruktiv zu verändern und weiterzuentwickeln, und die auch bereit sind, mehr zu leisten, als sie müssten. Sonst kann und wird es sich nicht ändern. Davon bin ich überzeugt. Wir brauchen Menschen, die bereit sind, sich politisch zu engagieren. Sich in ihrer Freizeit für etwas einzusetzen – ohne dass sie dafür unbedingt sofort einen Lohn oder besonders viel Lob bekommen. Das mag für viele nicht sehr reizvoll klingen, unser politisches System braucht aber solche Leute wie einen Bissen Brot. Jeden Einzelnen.

Deshalb richtet sich mein Appell abschließend an diejenigen, die das hier gerade lesen und vielleicht darüber nachdenken, sich politisch engagieren zu wollen. Vielleicht weißt du nicht, was genau es ist, das dich antreibt. Vielleicht möchtest du deinem Frust Luft machen oder deiner Meinung Gehör verschaffen. Egal, was der Grund oder der Anstoß dafür sein mag, tu es! Engagiere dich! Sei laut und setze dich für das ein, woran du glaubst! Und auch wenn darauf vielleicht Kritik folgt oder es nicht jedem gefällt, was du zu sagen hast, mach trotzdem weiter! Es lohnt sich, wir brauchen dich. Jeder Einzelne von uns braucht dich als laute Stimme in unserem Land. Wir brauchen Menschen, die für etwas brennen. Mehr denn je.

Vor allem brauchen wir Menschen, die für eine Politik brennen, die sich endlich wieder für die Interessen der arbeitenden Bevölkerung einsetzt. Für diejenigen, die den Wohlstand und die Schönheit unseres Landes jeden Tag finanzieren, und somit gestalten. Die bereit sind, Wahrheiten auszusprechen, auch wenn es Einzelnen nicht gefallen mag. Wir brauchen eine Politik, die nur so vor Mut strotzt und bereit ist, den Anspruch jeden Tag aufs Neue zu erhöhen. Ich brenne dafür – nach wie vor. Tust du es auch?

DANKSAGUNG

Vielen Dank an alle, die dazu beigetragen haben, dass dieses Buch möglich wird und so erscheint. Ich fürchte, ich tue diesen Personen keinen Gefallen damit, wenn ich sie hier namentlich erwähne. Aber ich hoffe, dass jeder und jede Einzelne von ihnen weiß, dass sie gemeint sind.

ENDNOTEN

Die angegebenen Links wurden am 5.1.2022 zuletzt geprüft.

1	https://orf.at/wahl/tirol22ltw/wahlmotive/wer-waehlte-wen
2	https://de.statista.com/statistik/daten/studie/761882/umfrage/wahlverhalten-bei-der-nationalratswahl-in-oesterreich-nach-geschlecht-und-alter/
3	https://strategieanalysen.at/wp-content/uploads/2017/10/ISA-SORA-Wahlanalyse-NRW2017-2.pdf
4	https://www.diepresse.com/6200014/junge-und-politik-der-grosse-graben
5	Sen, Amartya, 2017, Die Idee der Gerechtigkeit. Verlag C. H. Beck, München, S. 47
6	https://www.nachrichten.at/wirtschaft/mehr-beschaeftigte-aber-die-arbeitszeit-geht-zurueck;art15,3745898
7	https://kurier.at/wirtschaft/karriere/4-tage-woche-in-oesterreich-diese-unternehmen-haben-sie-eingefuehrt/402195081
8	https://news.wko.at/news/oesterreich/position_arbeitszeitverkuerzung.html
9	https://orf.at/stories/3206381/
10	https://de.statista.com/statistik/daten/studie/512031/umfrage/miet-und-eigentumsquote-von-hauptwohnsitzwohnungen-in-oesterreich/
11	https://www.derstandard.at/story/2000126812495/miete-versus-eigentum-wenige-eigentuemer-in-oesterreich
12	https://www.diepresse.com/5912165/oesterreicher-halten-an-wunsch-nach-eigentum-fest

13   https://www.menschenrechtserklaerung.de/eigentum-3639/
14   https://www.heute.at/s/ganze-strassenzuege-in-wien-mit-graffitis-verunstaltet-100155630
15   https://www.krone.at/2478814
16   https://de.statista.com/statistik/daten/studie/998397/umfrage/frauen-in-oesterreich/
17   https://faktundfaktor.at/kinderbetreuung-oesterreich-unter-den-nachzueglern/
18   https://kurier.at/chronik/oberoesterreich/zahlen-gleichberechtigung-frauen-maenner-pension-beschaeftigung/402213195
19   https://www.agenda-austria.at/guten-nachrichten-zum-equal-pay-day/
20   https://www.agenda-austria.at/guten-nachrichten-zum-equal-pay-day/
21   https://www.derstandard.at/story/2000138455576/wenn-frauen-in-maennerdomaenen-einfallen
22   https://jokira.at/news/kv-die-neuen-loehne-fuer-das-friseurgewerbe-ab-1-4-2022/
23   https://jobs.derstandard.at/gehalt/was-kfz-mechanikerinnen-und-kfz-mechaniker-verdienen/
24   https://www.lehrstellenportal.at/berufe/buerokaufmann/gehalt
25   https://www.lehrstellenportal.at/berufe/installations-und-gebaeudetechniker/gehalt/
26   https://www.derstandard.at/story/2000125774791/gehalt-was-verdienen-pflegekraefte
27   Vgl. Hirn, Lisz, 2019, Geht's noch! Warum die konservative Wende für Frauen gefährlich ist. Molden, Wien–Graz
28   https://www.bpb.de/kurz-knapp/lexika/politiklexikon/17484/feminismus/
29   https://news.wko.at/news/steiermark/tax-freedom-day-2022.html

30	https://de.statista.com/statistik/daten/studie/292509/umfrage/erwerbstaetige-in-oesterreich-nach-beruflicher-stellung/
31	Vgl. Kambartel, F., 1989, Bemerkungen zu Verständnis und Wahrheit religiöser Rede und Praxis. In: F. Kambartel, Philosophie der humanen Welt. Suhrkamp, Frankfurt
32	https://www.welt.de/wissenschaft/article160310401/Das-ist-der-Sinn-des-Lebens.html
33	https://www.sueddeutsche.de/wirtschaft/glueck-usa-unabhaengigkeitserklaerung-1.4247102
34	Goody, Jack, 2002, Geschichte der Familie. C. H. Beck, München, S.16
35	https://ksa.univie.ac.at/fileadmin/user_upload/i_ksa/PDFs/Vienna_Working_Papers_in_Ethnography/vwpe04.pdf
36	https://www.mittelbayerische.de/region/regensburg-stadt-nachrichten/die-familienzentren-zeigen-einheit-21179-art1568925.html
37	https://www.derstandard.at/story/2000135152647/oesterreich-gibt-immer-mehr-fuer-kinder-aus-und-hinkt-dennoch
38	https://www.balaton-zeitung.info/13304/ungarn-kinderbetreuungsgeld-fuer-grosseltern-ab-januar-2020/
39	Mead, Margaret, 1958, Mann und Weib. Rowohlt, Hamburg, S. 217
40	https://www.statistik.at/fileadmin/publications/Wohnen-2021.pdf (S. 28)
41	https://www.mdr.de/nachrichten/welt/osteuropa/politik/ungarn-familienpolitik-immobilien-102.html
42	https://www.faz.net/aktuell/finanzen/310-000-familien-profitieren-von-baukindergeld-17159179.html
43	https://www.handelsblatt.com/politik/deutschland/foerdermillionen-vorhanden-ministerium-baukindergeld-noch-schnell-bis-zum-jahresende-beantragen/28816222.html

44 https://www.zeit.de/politik/deutschland/2022-12/geywitz-neubau-eigenheim-einfamilienhaus-sanierung
45 https://www.tagesspiegel.de/traum-vom-eigenheim-ist-ausgetraumt-bundesbauministerin-halt-ungehemmten-neubau-fur-falsch-9017902.html
46 https://www.focus.de/perspektiven/14-laender-14-reporter/14-laender-14-reporter-schweden-auswanderer-erklaert-was-wir-von-schwedischer-familienpolitik-lernen-koennen_id_9628013.html
47 https://www.heute.at/s/nach-krawallen-zu-halloween-sicherheitsgipfel-in-linz-100236175
48 https://www.krone.at/2844192
49 https://www.staatslexikon-online.de/Lexikon/Integration
50 https://www.abendblatt.de/politik/deutschland/article236667407/Erster-Muezzinruf-in-Koeln-Gesellschaftlich-angekommen.html
51 https://www.ndr.de/kultur/sendungen/freitagsforum/Der-Ruf-des-Muezzins-religioeses-Bekenntnis-mit-Stoerfaktor,freitagsforum1006.html
52 https://www.integrationsfonds.at/mediathek/mediathek-publikationen/publikation/wien-l-zahlen-daten-und-fakten-1-1-7084/
53 https://wien.orf.at/stories/3055333/
54 https://www.diepresse.com/6213729/wenn-analphabeten-die-demografieluecke-fuellenx
55 https://www.wienerzeitung.at/nachrichten/politik/oesterreich/2155889-Hohe-Arbeitslosigkeit-bei-syrischen-Frauen.html
56 https://apa.at/faktencheck/afghanen-in-kriminalstatistik-ueberrepraesentiert/
57 Galtung, Johan, 1998, Frieden mit friedlichen Mitteln. Friede und Konflikt, Entwicklung und Kultur. Leske + Budrich, Opladen, S. 343

58   https://ec.europa.eu/commission/presscorner/detail/de/qanda_21_402
59   https://www.gewaltinfo.at/themen/2013_07/
60   https://www.meinbezirk.at/c-lokales/200-zwang-sehen-pro-jahr-in-oesterreich_a4716842
61   https://www.gewaltinfo.at/themen/2013_08/
62   https://www.mdr.de/nachrichten/welt/panorama/iran-frauen-proteste-hintergrund-100.html
63   https://www.juraforum.de/news/unternehmen-koennen-kopftuch-unter-umstaenden-verbieten_258432
64   https://www.kleinezeitung.at/politik/innenpolitik/5400589/KopftuchVerbot_So-haelt-es-der-Rest-Europas-mit-dem-Kopftuch
65   https://www.dw.com/de/frau-leben-freiheit-drei-monate-proteste-im-iran/g-64078267
66   https://de.statista.com/statistik/daten/studie/945512/umfrage/patriotismus-in-oesterreich/
67   Rathkolb, Oliver, 2005, Die paradoxe Republik. Österreich 1945 bis 2005. Zsolnay, Wien, S. 30
68   https://orf.at/stories/3291448/
69   https://www.heute.at/s/gruene-jugend-gibt-keinen-grund-oesterreich-zu-feiern-100109245
70   https://www.derstandard.at/story/2000140571015/wiener-spoe-will-zugang-zur-staatsbuergerschaft-erleichtern
71   Pelluchon, Corine, 2020, Manifest für die Tiere. C. H. Beck, München, S. 53
72   https://www.wienerzeitung.at/nachrichten/politik/oesterreich/852423-Wir-und-die-anderen.html
73   https://kurier.at/politik/inland/umfragen-mehrheit-lehnt-schnelleren-zugang-zur-staatsbuergerschaft-ab/401420568
74   Precht, Richard David; Welzer, Harald, 2022, Die vierte Gewalt. Wie Mehrheitsmeinung gemacht wird, auch wenn sie keine ist. S. Fischer, Frankfurt am Main, S. 110ff

75	https://www.kleinezeitung.at/kultur/6212901/Teile-eins-bis-drei_ORF-packt-Winnetou-nach-Debatte-ins
76	https://www.zeit.de/politik/2022-10/muslimbrueder-islamismus-katar-podcast
77	https://kurier.at/chronik/wien/das-schwere-erbe-der-milli-goerues/400414436
78	https://www.derstandard.at/story/1227288086339/gruene-haben-mehrheit-unter-journalisten
79	https://morningstaronline.co.uk/article/what-does-many-not-few-mean-and-socialism
80	https://www.derstandard.at/story/2000070709697/150-jahre-wissenschaftsfreiheit-das-fast-vergessene-verfassungsjubilaeum
81	https://www.derstandard.at/story/2000138092076/wie-der-hass-im-netz-so-gross-werden-konnte
82	https://www.derstandard.at/story/2000137989403/deutschland-nach-tod-von-lisa-maria-kellermayr-bestuerzt
83	https://www.bmi.gv.at/news.aspx?id=78396F39583633587677513D
84	https://amp.heute.at/s/antisemitismusbericht-2021-zeigt-negativrekord-100206828
85	https://www.derstandard.de/story/2000140476567/antisemitismusbericht-taeglich-mindestens-zwei-judenfeindliche-vorfaelle
86	https://www.nachrichten.at/panorama/chronik/sektenaehnliche-anastasia-bewegung-in-oesterreich-auf-dem-vormarsch;art58,3738224
87	https://www.derstandard.at/story/2000141597072/staatssicherheit-zahl-der-gefaehrder-in-hohem-zweistelligen-bereich
88	https://exxpress.at/neue-daten-des-staatsschutzes-islamistische-gefaehrder-werden-immer-juenger/
89	https://www.derstandard.at/story/2000141336857/der-deutsche-pass-als-neuer-zankapfel-in-der-ampel

90	https://www.spiegel.de/geschichte/koloniale-bilderwelten-a-946497.html
91	Reinhard, Wolfgang, 2008, Kleine Geschichte des Kolonialismus. Alfred Kröner, Stuttgart, S. 1
92	https://www.geo.de/wissen/21459-rtkl-bilanz-wieder-kolonialismus-die-welt-bis-heute-praegt
93	https://www.grin.com/document/125963
94	https://www.deutschlandfunk.de/der-westafrikanische-franc-frankreich-und-der-unsichtbare-100.html
95	Van Reybrouck, David, 2012, Kongo. Eine Geschichte. Suhrkamp, Berlin, S. 354–366
96	https://www.deutschlandfunk.de/der-westafrikanische-franc-frankreich-und-der-unsichtbare-100.html
97	https://www.dw.com/de/der-cfa-franc-eine-währung-die-polarisiert/a-48854249
98	https://www.derstandard.at/story/2000112903979/westafrika-loest-sich-vom-kolonial-franc-und-fuehrt-den-eco
99	https://www.geo.de/wissen/21459-rtkl-bilanz-wieder-kolonialismus-die-welt-bis-heute-praegt
100	https://www.deutschlandfunk.de/frankreichs-einfluss-in-den-ehemaligen-kolonien-auf-dem-weg-100.html
101	https://amp.focus.de/politik/ausland/eine-neue-migrationskrise-braut-sich-in-europa-zusammen_id_180403347.html
102	https://www.oe24.at/oesterreich/politik/aktuell/rekord-schon-ueber-100-000-asyl-antraege/537573130
103	https://www.oe24.at/oesterreich/politik/aktuell/blitz-verfahren-fuer-15-000-asylwerber/528019220
104	https://www.welt.de/geschichte/article159122294/Als-Oesterreich-Fluechtlinge-mit-offenen-Armen-aufnahm.html
105	https://www.zeit.de/politik/ausland/2022-06/fluechtlinge-oesterreich-asylpruefung-drittstaaten

106 https://www.faz.net/aktuell/politik/ausland/johnsons-nachfolger-wollen-an-ruanda-plan-fuer-asylsuchende-festhalten-18196540.html
107 https://www.derstandard.at/story/2000138374202/ruanda-gutachten-zu-migrationsdeal-muessen-grossteils-offengelegt-werden
108 https://www.tagesschau.de/ausland/europa/grossbritannien-ruanda-abschiebeflug-103.html
109 https://www.derstandard.at/story/2000141117710/wie-kann-europa-die-flucht-und-migrationskrise-beenden
110 https://www.tagesschau.de/ausland/europa/fluechtlingsstreit-101.html
111 https://dserver.bundestag.de/btd/20/037/2003717.pdf
112 https://www.spiegel.de/politik/migration-widerstand-gegen-geplantes-chancen-aufenthaltsrecht-a-3df41814-b994-41dd-8bfc-eaf6614ec1d7
113 https://www.tagesschau.de/inland/innenpolitik/bundestag-aufenthaltsgesetz-101.html
114 https://www.diepresse.com/6213729/wenn-analphabeten-die-demografieluecke-fuellen
115 https://de.euronews.com/amp/2022/11/24/die-asylkrise-in-belgien-symptom-fur-ein-europaisches-versagen
116 https://www.derstandard.at/story/2000141117710/wie-kann-europa-die-flucht-und-migrationskrise-beenden
117 https://www.derstandard.at/story/2000121950515/politologe-migration-ist-auch-ein-erloesungsprozess-von-kolonialisierung
118 https://www.sn.at/panorama/international/madame-de-pompadour-nach-mir-die-sintflut-3673519
119 https://www.derstandard.at/story/2000141051310/mit-schlafsack-strassenblockaden-und-superkleber-fuer-das-klima
120 https://www.news.at/a/letzte-generation

121 https://www.heute.at/s/hollywood-stars-und-oel-erben-finanzieren-klima-kleber-100237816
122 https://www.profil.at/morgenpost/die-tote-und-die-klima-kleber-die-eskalation-war-vorprogrammiert/402207633
123 https://www.profil.at/oesterreich/umfrage-mehrheit-lehnt-strassenblockaden-durch-letzte-generation-klar-ab/402206181
124 https://kurier.at/politik/inland/gewalt-durch-klimabewegung-einige-aktivisten-stehen-am-scheideweg/402250455
125 https://www.derstandard.at/story/2000141597072/staatssicherheit-zahl-der-gefaehrder-in-hohem-zweistelligen-bereich
126 https://www.derstandard.at/story/2000141782007/klimaaktivismus-ist-die-letzte-generation-eine-kriminelle-vereinigung
127 https://www.trendingtopics.eu/peta-fordert-sexverbot-fuer-fleischessende-maenner-hohe-co2-emissionen-durch-konsum/
128 https://www.oeamtc.at/mitgliedschaft/leistungen/konsumentenschutz-mitgliederinteressen/verbrenner-verbot-ab-2035-nicht-zu-ende-gedacht-55342985
129 Schilling, Lena, 2022, Radikale Wende. Weil wir eine Welt zu gewinnen haben. Amalthea, Wien, S. 35
130 Wadsak, Marcus; Dorten, Paula, 2022, Letzte Generation. Das Klimamanifest. Braumüller, Wien, S. 32
131 https://www.focus.de/politik/meinung/rackete-hat-recht-mit-kritik-an-klima-klebern-doch-geht-dabei-zu-weit_id_180447042.html
132 Wecker, Konstantin, 2022. In: Schilling, Lena, 2022, Radikale Wende. Weil wir eine Welt zu gewinnen haben. Amalthea, Wien, S. 10f
133 Wadsak, Marcus; Dorten, Paula, 2022, Letzte Generation, S. 85

134 https://www.derstandard.at/story/2000120028391/nach-uns-die-sintflut-im-kunst-haus-wien-auf-duennem
135 Wadsak; Dorten, Letzte Generation, S. 54 u. 67
136 https://www.goethe.de/de/kul/ges/22166038.html
137 BMK, 2022, Energie in Österreich. Zahlen, Daten, Fakten. Wien, S. 14–19
138 https://www.news.at/a/erneuerbare-energien
139 https://www.kaprunerhof.at/de/blog-artikel/Kaprun-Zell-am-See/kraftwerkbaumooserboden
140 https://www.kaprun.co/Kraftwerk-Kaprun
141 https://kurier.at/chronik/welt/klimaschutz-und-was-ist-mit-china/402218859
142 https://orf.at/stories/3297069/
143 https://www.dw.com/de/umweltkriminalität-warum-werden-täter-oft-nicht-bestraft/av-63025212
144 https://www.krone.at/2627673
145 https://kurier.at/wirtschaft/illegale-plastikmuellexporte-von-oesterreich-in-die-tuerkei-aufgedeckt/401729562
146 https://www.derstandard.at/story/2000125928228/frankreichs-parlament-spricht-sich-fuer-oekozid-als-straftatbestand-aus
147 https://orf.at/stories/3281821/
148 https://www.welt.de/regionales/nrw/article242113985/Zehn-neue-Staatsanwaelte-fuer-Umweltkriminalitaet-in-NRW.html
149 https://www.wienerzeitung.at/nachrichten/politik/europa/2171126-Umweltsuenden-sollen-sich-nicht-mehr-lohnen.html
150 https://www.swr.de/wissen/1000-antworten/beruht-die-strandung-der-arche-noah-am-berg-ararat-auf-fakten-100.html
151 Rawls, John, 2020, Eine Theorie der Gerechtigkeit. Suhrkamp, Frankfurt am Main, S. 81
152 a. a. O., S. 23

153   Sen, Amartya, 2020, Die Idee der Gerechtigkeit. C. H. Beck, München, S. 82
154   https://de.statista.com/statistik/daten/studie/943323/umfrage/soziale-gerechtigkeit-in-oesterreich/
155   https://www.derstandard.at/story/2000142100281/zwei-drittel-halten-oesterreich-fuer-ein-ungerechtes-land
156   https://www.nzz.ch/wirtschaft/gerechte-und-ungerechte-gleichheit-ld.1666137?reduced=true
157   https://www.statistik.at/statistiken/bevoelkerung-und-soziales/sozialleistungen/mindestsicherung-und-sozialhilfe
158   https://www.derstandard.at/story/2000138764150/wien-weniger-menschen-beziehen-mindestsicherung-aber-die-ausgaben-dafuer-steigen
159   https://kurier.at/chronik/wien/mindestsicherung-oevp-wirft-neos-verfassungsbruch-vor/401184502
160   https://www.derstandard.at/story/2000114779084/wien-zieht-mit-hoeherer-sozialhilfe-fluechtlinge-an
161   https://www.tt.com/artikel/30838317/deutsche-ampel-und-union-einigen-sich-auf-buergergeld
162   https://www.sn.at/wirtschaft/oesterreich/arbeitslosigkeit-in-oesterreich-positiver-trend-am-arbeitsmarkt-setzt-sich-fort-130596901
163   https://www.oesterreich.gv.at/themen/steuern_und_finanzen/unterstuetzungen_bzw_beihilfen_fuer_arbeitsuchende_sowie_arbeitgeber/1/1/Seite.3610013.html
164   https://www.wienerzeitung.at/nachrichten/wirtschaft/oesterreich/2119536-Degressiv-in-die-Offensive.html
165   https://de.statista.com/statistik/daten/studie/820456/umfrage/langzeitarbeitslosenquote-in-oesterreich/
166   https://www.ams.at/arbeitsuchende/arbeitslos-was-tun/wichtige-informationen-zu-ams-leistungen

167	https://www.derstandard.at/story/2000137430307/vermittlung-von-asylberechtigten-soll-arbeitskraeftemangel-senken
168	https://www.augsburger-allgemeine.de/politik/kommentar-es-geht-auch-ohne-erbschaftssteuer-id64860556.html
169	https://www.derstandard.at/story/2000107909288/zeit-fuer-eine-erbschaftssteuer-in-oesterreich-sechs-aspekte-zur-debatte
170	https://www.tt.com/artikel/30821188/deutlich-ueber-dem-oecd-schnitt-oesterreich-mit-hoher-steuerlast
171	Lorenz, Hanno, Kucsera, Dénes, 2022, Wer braucht schon die Mitte. Agenda Austria, S. 4f
172	a. a. O., S. 26.
173	https://www.agenda-austria.at/grafiken/ein-zehntel-zahlt-mehr-als-die-haelfte-der-lohnsteuer/
174	https://www.diepresse.com/6231106/behandlung-von-haeftlingen-justiz-zahlt-127-millionen-euro
175	https://www.derstandard.de/story/2000129794557/wie-it-konzerne-es-schaffen-kaum-steuern-zu-zahlen
176	https://www.trendingtopics.eu/magnus-brunner-finanzminister-interview-2022/
177	https://www.derstandard.at/story/2000136616024/eugh-indexierung-der-familienbeihilfe-in-oesterreich-rechtswidrig
178	https://www.dw.com/de/sex-aus-armut-zwangsprostitution-in-europa/av-56801911
179	https://www.derstandard.at/story/2000135082287/menschenhandel-und-illegale-adoption-das-geschaeft-mit-den-fluechtenden-aus
180	Sen, Amartya, 2020, Die Idee der Gerechtigkeit. C. H. Beck, München, S. 286–288
181	https://www.sozialministerium.at/Themen/Soziales/Menschen-mit-Behinderungen.html

182	https://www.wheelday.at/oesterreich/zahlen-daten-fakten
183	https://oe1.orf.at/artikel/315904/Sozialversicherung-fuer-Menschen-mit-Behinderung
184	https://kurier.at/chronik/wien/schweres-los-die-krise-befeuert-die-obdachlosigkeit/402263202
185	https://www.zeit.de/gesellschaft/zeitgeschehen/2018-03/finnland-soziale-gerechtigkeit-grundwohnen-juha-kaakinen-interview
186	https://www.derstandard.de/story/2000122825139/wie-finnland-die-obdachlosigkeit-besiegen-will
187	Pelluchon, Corine, 2020, Manifest für die Tiere. Verlag C. H. Beck, München, S. 13.
188	https://www.interviewmagazine.com/culture/gloria-steinem
189	Wagenknecht, Sahra, 2022, Die Selbstgerechten. Mein Gegenprogramm – für Gemeinsinn und Zusammenhalt. Campus, Frankfurt am Main, S. 26
190	Weber, Max, 1919, Politik als Beruf. In: Texte zur Politischen Philosophie. 2014. Philipp Reclam, Stuttgart, S. 253f
191	Ebd.